交通运输投融资报告
2022

褚春超　翁燕珍　蒋桂芹　王海霞　邹光华　著

人民交通出版社股份有限公司
北京

内 容 提 要

本书总结"十三五"以来交通基础设施投资特点及成效,研判当前交通运输投融资面临的环境和形势,剖析收费公路发展状况及地方政府专项债券在交通运输行业运用情况;从投融资实践角度,系统阐述PPP模式在交通运输领域的实践应用、交通企业投融资发展情况以及REITs在交通运输领域的实践运用;最后,详细分析部分具有代表性的交通基础设施投融资案例。

本书可供交通运输领域相关政府部门、企业、高等院校等学习和参考使用。

图书在版编目(CIP)数据

交通运输投融资报告.2022 / 褚春超等著. — 北京:人民交通出版社股份有限公司,2022.8
ISBN 978-7-114-18135-1

Ⅰ.①交… Ⅱ.①褚… Ⅲ.①交通运输业—投融资体制—研究报告—中国—2022 Ⅳ.①F512.6

中国版本图书馆CIP数据核字(2022)第140093号

Jiaotong Yunshu Tourongzi Baogao (2022)

书 名:	交通运输投融资报告(2022)
著 作 者:	褚春超 翁燕珍 蒋桂芹 王海霞 邹光华
责任编辑:	牛家鸣
责任校对:	席少楠 卢 弦
责任印制:	刘高彤
出版发行:	人民交通出版社股份有限公司
地 址:	(100011)北京市朝阳区安定门外外馆斜街3号
网 址:	http://www.ccpcl.com.cn
销售电话:	(010)59757973
总 销 售:	人民交通出版社股份有限公司发行部
经 销:	各地新华书店
印 刷:	北京交通印务有限公司
开 本:	710×1000 1/16
印 张:	14
字 数:	169千
版 次:	2022年8月 第1版
印 次:	2022年8月 第1次印刷
书 号:	ISBN 978-7-114-18135-1
定 价:	100.00元

(有印刷、装订质量问题的图书由本公司负责调换)

荐 语

　　资金是交通基础设施建设的前提与保障,改革创新是落实配套资金的不竭之源。抓住机遇,勇于探索,谋划举措,为构建适应交通强国建设需要的投融资政策体系贡献智慧和力量,是交通运输科研工作者的责任和担当。交通运输部科学研究院财政金融创新团队的这本专著,将交通运输投融资现状、形势、问题、经验、对策等内容有机融合,展现了一个系统性的成果汇集,很有现实意义,针对性与可读性都较强,对从事交通建设投融资研究及实务工作的人员,具有重要参考作用。希望这项工作能够持续下去,形成一个品牌。

——交通运输部原总工程师　周　伟

交通运输业的发展是我国实现现代化的开路先锋，也是促投资稳增长助繁荣惠民生的重要战场。在国家宏观治理和财税政策大框架下，做好投融资制度安排、政策工具设计和使用、项目投融资模式方案策划等，将为交通运输行业可持续发展提供重要支撑和基本保障。本书集成了写作团队长期跟踪研究交通运输行业投融资的成果，既有投融资情况总结、发展形势研判、融资工具运用分析，又有典型案例介绍，视野宏阔、内容全面、逻辑严谨、分析透彻，是交通运输投融资领域的一本高质量著作。

——华夏新供给经济学研究院创始院长
财政部财政科学研究所原所长　贾　康

建设现代综合交通运输体系，离不开资金要素这一重要保障。新时代新形势新要求，交通运输投融资环境和条件正在发生深刻变化，需要不断深入分析和把握。本书从总体篇、专题篇、实践篇和案例篇4个方面，对交通运输基础设施投融资现状与形势、收费公路、PPP模式、专项债券、REITs、企业投融资及典型案例等重点和热点问题进行了系统探讨，有分析、有观点、有举措，是一本可供业内同行交流学习、具有很好参考价值的书籍。

——交通运输部科学研究院院长　石宝林

本书编委会

主　任：褚春超　翁燕珍　蒋桂芹　王海霞
　　　　邹光华
委　员：葛灵志　姚春宇　杨建平　孔令童
　　　　安　平

前言
PREFACE

改革开放以来,各级政府及交通运输主管部门不断深化交通运输投融资体制机制改革,创新投融资举措,支撑我国交通运输建设发展取得了巨大成就,实现了交通运输推动经济社会发展从"瓶颈制约"到"基本适应"的历史性转变,为加快建设交通强国奠定了坚实基础。

近年来,随着国家财税体制改革、投融资改革不断深化,交通运输迈入高质量发展新阶段,交通运输发展面临的投融资环境发生了显著变化。特别是重新修订后的《中华人民共和国预算法》《国务院关于加强地方政府性债务管理的意见》(国发〔2014〕43号)等文件的出台,为新时期交通基础设施投融资指明了方向,也提出了更高要求。为主动适应新形势新要求,助力各地落实《交通强国建设纲要》《国家综合立体交通网规划纲要》和"十四五"规划相关任务,做好交通运输投融资发展规划和资金保障工作,交通运输部科学研究院交通财政金融创新团队力求充分总结我国交通基础设施投融资发展成就及创新举措，准确研判面临的形势要求，深入分析代表性的交通运输投融资案例，编写并首次发布《交通运输投融资报告（2022）》，以期为各级交通运输部门及相关机构了解交通运输投融资情况提供参考。

全书共分四个部分，包括总体篇、专题篇、实践篇和案例篇。总体篇，回顾总结"十三五"期以来交通基础设施投资情况、投资资金来源、交通运输投资特点以及交通运输投资成效，研判当前交通运输投融资面临的财税、金融环境形势；专题篇，选取收费公路、专项债券两个专题，深入分析我国收费公路发展状况、收入和支出情况、债务余额以及当前面临的主要问题，分析地方政府专项债券发行使用情况、收费公路专项债券以及其他专项债券在交通运输领域发行运用情况、交通运输领域运用专项债券特点及应关注的重点；实践篇，从投融资实践角度，系统研究PPP模式在交通运输领域的实践应用、交通企业投融资发展情况、REITs在交通运输领域的实践运用等，总结经验、剖析问题、提出建议；案例篇，选取广东、山东、河北、湖南、云南等地九个具有代表性的交通投融资实践案例进行分析，以期为各地交通运输部门及相关企业进一步做好交通运输投融资创新提供借鉴和参考。

交通运输基础设施的快速发展得益于投融资政策和实践的不断创新，如何更好发挥政府作用、充分利用好市场化机制，是交通运输投融资体制机制改革永恒的课题。积极完善建立可持续的交通运输投融资生态体系，是推动交通运输基础设施高质量发展的关键。交通运输部科学研究院交通财政金融创新团队长期以来在交通运输投融资领域做了大量持续性研究工作，有力地支撑了交通运输部、地方各级交通运输部门、交通企业投融资工作。

本书的出版，得到了从事这一领域工作的诸多领导和同事的支持和帮助，他们为报告的编写提供了案例素材、宝贵的意见和建议，在此一并致谢，衷心感谢大家的关心和支持！由于时间仓促，作者水平有限，书中难免有纰漏之处，请读者批评指正。

作　者
2022年6月

目录
CONTENTS

| 总体篇 |

第一章 交通基础设施投资概况 ·················· 3
 一、投资总体情况 ·················· 3
 二、投资资金来源 ·················· 5
 三、交通投资特点 ·················· 9
 四、投资成效显著 ·················· 14

第二章 交通运输投融资环境与形势 ·················· 17
 一、宏观经济形势分析 ·················· 17
 二、交通运输投融资改革趋势 ·················· 29

| 专题篇 |

第三章 收费公路发展状况及趋势 ·················· 49
 一、收费公路发展现状 ·················· 49

二、收入和支出分析 …………………………………………… 60
三、债务余额 …………………………………………………… 72
四、收费公路发展面临的困难和问题 ………………………… 76
五、收费公路发展趋势 ………………………………………… 80

第四章　地方政府专项债券在交通运输领域发行使用情况 ……… 82
一、全国专项债券发行使用情况 ……………………………… 82
二、收费公路专项债券发行使用情况 ………………………… 83
三、其他专项债券发行使用情况 ……………………………… 95
四、交通运输领域运用专项债券特点 ………………………… 102
五、应当关注的重点问题 ……………………………………… 105

实践篇

第五章　PPP模式在交通运输领域的实践运用 ………………… 111
一、交通运输领域PPP发展现状 ……………………………… 111
二、创新PPP模式的主要做法 ………………………………… 115
三、交通运输领域PPP模式发展趋势 ………………………… 117
四、PPP模式运用存在的问题 ………………………………… 120
五、助推交通运输领域PPP高质量发展的建议 ……………… 123

第六章　交通企业投融资发展情况 ………………………………… 125
一、市场化投融资手段多措并举 ……………………………… 125
二、省级交通企业合并重组 …………………………………… 132

三、中央企业发力承揽交通项目 ················· 139
　　四、市县级交通企业转型中的困难 ················· 141

第七章　REITs在交通运输领域的实践运用 ········· 145
　　一、我国REITs内涵、发展背景及制度构建 ········· 145
　　二、REITs在交通运输领域运用主要意义及发展现状 ········· 149
　　三、REITs在交通运输领域市场前景分析 ········· 153
　　四、REITs在交通运输领域运用中的积极定位 ········· 155
　　五、加快推进交通运输领域REITs的有关建议 ········· 158

▎案例篇▕

第八章　典型交通投融资案例 ················· 163
　　一、案例：深圳地铁4号线"BOT+TOD" ········· 163
　　二、案例：佛山地铁2号线一期工程"BOT+TOD+EPC"模式 ··· 169
　　三、案例：河北省邢台市大沙河"综合治理+砂石开采"项目 ··· 174
　　四、案例：湖南省高速公路PPP项目"肥瘦搭配"模式 ········· 178
　　五、案例：山东省小清河复航工程PPP项目 ········· 184
　　六、案例：服务区利用资产证券化等方式拓宽融资渠道 ········· 192
　　七、案例：铜梁区独立工矿区转型升级产城融合PPP项目 ········· 197
　　八、案例：广深高速公路新塘立交改造工程土地盘活 ········· 201
　　九、案例：云南省丽江高速公路资源综合开发模式 ········· 205

PART 1
总体篇

第一章　交通基础设施投资概况

"十三五"期,交通基础设施投资总体保持高位运行,尤其高速公路投资占据重要地位,并表现出投资规模、增速、投资强度等显著的地区差异化特征。在资金来源上,国家预算资金发挥了重要引导和带动作用,形成了"中央投资、地方筹资、社会融资、利用外资"的投融资模式。规模庞大的交通基础设施投资,有力地保障了现代化综合交通运输网络建设,为应对新冠肺炎疫情冲击、稳定经济增长、支撑国家重大战略实施做出了重要贡献。

一、投资总体情况

交通基础设施投资维持高位运行。"十三五"期,我国[①]交通基础设施累计完成投资15.75万亿元,高于"十二五"期的13.4万亿元,其中铁路、公路、水路和民航分别完成3.99万亿元、10.68万亿元、0.63万亿元和0.45万亿元,分别占交通总投资的25.3%、67.8%、4.0%和2.9%。2016—2020年交通基础设施投资完成情况详见表1-1和图1-1。

2016—2020年交通基础设施投资情况（单位:亿元）　表1-1

年度	铁路		公路		水路		民航		交通投资额合计
	投资额	占比	投资额	占比	投资额	占比	投资额	占比	
2016	8015	28.4%	17976	63.8%	1417	5.0%	782	2.8%	28190

---

① 本书中全国范围内统计数据均不包括我国香港、澳门、台湾的数据,下同。

续上表

年度	铁路		公路		水路		民航		交通投资额合计
	投资额	占比	投资额	占比	投资额	占比	投资额	占比	
2017	8010	25.5%	21253	67.7%	1239	3.9%	869	2.8%	31371
2018	8028	25.6%	21335	67.9%	1191	3.8%	857	2.7%	31411
2019	8029	25.1%	21895	68.4%	1137	3.5%	969	3.0%	32031
2020	7819	22.7%	24312	70.4%	1330	3.9%	1050	3.0%	34511
合计	39901	25.3%	106771	67.8%	6314	4.0%	4527	2.9%	157514

资料来源：历年交通运输行业发展统计公报。
注：公路、水路基础设施投资数据不包括支持系统及其他建设投资。

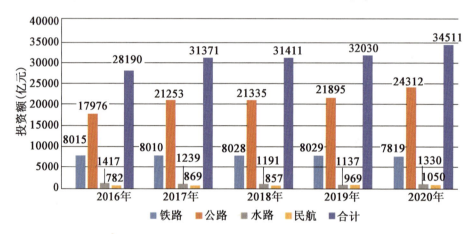

图1-1　2016—2020年交通基础设施完成投资情况

交通基础设施投资是全社会固定资产投资重要组成部分。交通基础设施建设项目产业链较长，可充分带动钢铁、水泥、建材、机械等产业，拉动投资，促进消费，能有效促进区域和城乡经济协调发展，对稳定经济增长具有十分重要的意义。2016—2020年，在按19个大行业类划分的全社会固定资产投资中，交通基础设施投资占比为5.3%。2020年，为应对新冠肺炎疫情对经济增长冲击，交通运输行业千方百计增加有效投资，交通基础设施投资在全社会固定资产投资中占比达到了6.5%，占比增长明显，贡献突出。2016—2020年

第一章 交通基础设施投资概况

我国交通基础设施投资与全社会固定资产投资情况详见表1-2和图1-2。

2016—2020年交通基础设施投资与全社会固定资产投资情况（单位：亿元）

表1-2

年份	交通基础设施投资		全社会固定资产投资			国内生产总值（GDP）		
	数额	增速	数额	增速	交通投资占全社会投资比例	数额	增速	交通投资占GDP比例
2016	28190	5.7%	606466	7.9%	4.6%	744127	6.7%	3.8%
2017	31371	11.3%	641238	7.0%	4.9%	820754	6.8%	3.8%
2018	31411	0.1%	645675	5.9%	4.9%	900309	6.6%	3.5%
2019	32031	2.0%	560874	5.1%	5.7%	990865	6.1%	3.2%
2020	34511	7.7%	527270	2.7%	6.5%	1015986	2.3%	3.4%

资料来源：历年交通运输行业发展统计公报、国民经济和社会发展统计公报。

注：根据统计执法检查和统计调查制度规定，对2018—2020年固定资产投资数据进行修订，增速按可比口径计算。国内生产总值绝对数按现价计算，增长速度按不变价格计算。

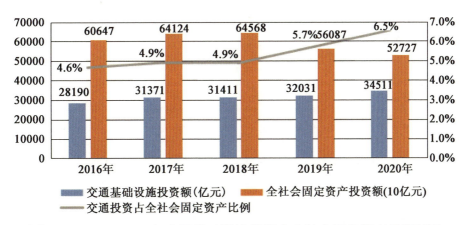

图1-2 2016—2020年交通基础设施投资占全社会固定资产投资情况

二、投资资金来源

多年来，交通基础设施建设在车购税资金、铁路建设基金、港建费(港建费2021年已正式取消①)、民航发展基金等交通专项资金的大力支持引导下,地方政府利用财政资金、信贷融资、企业自筹、直接融资等多种方式筹措交通建设资金,形成了"中央投资、地方筹资、社会融资、利用外资"的交通运输基础设施投融资模式。

车购税资金是公路建设中央投资资金的主要来源。"十三五"期支出范围详见表1-3。

"十三五"期间车购税资金支出范围　　　表1-3

支出范围	具体事项
(一)交通运输重点项目	1. 国家高速公路　　　7. 信息化项目 2. 普通国道　　　　　8. 内河水运建设 3. 普通省道　　　　　9. 港口集疏运公路 4. 公路灾毁恢复重建　10. 港口集疏运铁路 5. 客运站场　　　　　11. 靠港船舶使用岸电项目 6. 货运枢纽(物流园区)
(二)一般公路建设项目	1. 农村公路 2. 安保工程、危桥(隧)改造、灾害防治工程 3. 乡镇公路客运站 4. 普通国省干线公路服务区
(三)国务院批准用于交通运输的其他支出	

铁路建设基金是指经国务院批准征收的专门用于铁路建设的政府性基金,主要用于国家计划内的大中型铁路建设项目以及与建设有关的支出,主要包括:铁路基本建设项目投资,购置铁路机车车辆;与建设有关的还本付息,建设项目的铺底资金;铁路勘测设计前期工作费用;合资铁路的注册资本金;建设项目的周转资金以及经财政部批准的其他支出。

---

① 2021年3月19日财政部印发《关于取消港口建设费和调整民航发展基金有关政策的公告》(财政部公告2021年第8号),自2021年1月1日起取消港口建设费。

港建费资金是水路公共基础设施建设中央投资资金的主要来源,是中央和地方共享的政府性基金,中央分成的港口建设费主要用于沿海港口公共基础设施建设支出、内河水运建设支出、支持保障系统建设支出、专项性支出、征管经费、支付船舶代理公司或货物承运人的港口建设费代征手续费、国务院批准的其他支出。地方分成的港口建设费主要用于辖区内港口公共基础设施以及航运支持保障系统的建设和维护。"十三五"期间中央分成的港建费资金支出范围详见表1-4。

"十三五"期间中央分成的港建费资金支出范围　　表1-4

支出范围	具体事项
沿海港口	1. 航道、锚地、防波堤工程 2. 陆岛交通码头
内河水运建设	1. 航道 2. 航电枢纽 3. 通航设施 4. 港口公共锚地
支持保障系统建设	海事、救捞、长航系统

民航发展基金属于中央政府性基金,由原民航机场管理建设费和原民航基础设施建设基金合并而成。使用范围包括:民航基础设施建设;对货运航空、支线航空、中小型民用运输机场的补贴;民航节能减排;通用航空发展;民航科教、信息研发和应用;安全能力和适航审定能力建设;征管经费、代征手续费的支出等七方面。

根据《中国统计年鉴》相关年份数据,本书进一步整理了2015—2019年交通运输行业各领域固定资产投资资金来源情况,详见表1-5和表1-6。

2015—2019年交通固定资产投资资金来源情况（单位：亿元）　表1-5

年份	行业分类	累计到位资金	国家预算	国内贷款	利用外资	自筹资金	其他资金
2015	铁路运输业	7332	1126	2077	23	2328	1778
	道路运输业	27283	5643	5912	20	13508	2201
	水上运输业	2315	118	482	3.6	1671	40
	航空运输业	1888	298	604	1.3	931	54
2016	铁路运输业	7021	1062	1864	13.7	2293	1787
	道路运输业	28515	6468	6248	49.1	12685	3066
	水上运输业	1967	206	355	3.7	1292	112
	航空运输业	2157	300	740	—	950	166
2017	铁路运输业	6832	981	1720	36.2	2059	2036
	道路运输业	33013	7180	8372	95.5	13791	3575
	水上运输业	1602	215	258	4.4	1026	99
	航空运输业	2147	229	887	—	786	244
2018	铁路运输业	6449	931	1756	8.8	2732	1112
	道路运输业	34036	7876	8514	68.3	14025	3589
	水上运输业	1584	258	196	2.4	1048	88
	航空运输业	2220	346	922	—	858	132
2019	铁路运输业	6933	794	2725	9.6	2454	979
	道路运输业	37780	8018	9349	99.4	15105	5072
	水上运输业	1180	232	191	1.5	663	91
	航空运输业	1789	227	616	—	821	150

资料来源：根据部分年份《中国统计年鉴》整理所得。

注：1. 国家预算资金包括一般预算、政府性基金预算、国有资本经营预算和社保基金预算，以及各级政府债券。利用外资包括对外借款（外国政府贷款、国际金融组织贷款、出口信贷、外国银行商业贷款、对外发行债券和股票）、外商直接投资、外商其他投资。自筹资金指各类企事业单位的自有资金和从其他单位筹集的用于固定资产投资的资金，不包括各类财政性资金、从各类金融机构借入资金和国外资金。其他资金指在报告期收到的除以上各种资金之外的用于固定资产投资的资金，包括社会集资、个人资金、无偿捐赠的资金以及其他单位拨入的资金等。

2. 交通固定资产投资包括基本建设投资、更新改造投资、设备购置投资和其他投资。

2015—2019 年交通固定资产投资资金来源占比情况　表1-6

领　域	国家预算资金	国内贷款	利用外资	自筹资金	其他资金
铁路运输业	14.1%	29.2%	0.3%	34.3%	22.1%
道路运输业	21.9%	23.7%	0.2%	43.4%	10.7%
水上运输业	13.0%	16.7%	0.2%	64.7%	5.4%
航空运输业	13.7%	36.6%	0.0%	42.6%	7.1%
合计	19.8%	25.0%	0.2%	42.7%	12.3%

从表1-6可以看出,在2015—2019年期间交通固定资产投资到位资金中,国家预算资金、国内贷款、利用外资、自筹资金和其他资金分别占比19.8%、25.0%、0.2%、42.7%和12.3%。据调研了解,企事业单位自筹部分也有一定比例通过市场融资筹集而来,由此大致估计交通固定资产投资资金中市场化融资资金比例在50%~70%之间。

三、交通投资特点

交通基础设施投资规模和增速地区差异化显著。以公路水路交通固定资产投资为例,"十三五"期间,公路水路交通固定资产投资逐年稳步增长,其中东部、中部、西部和东北地区分别占全国年度公路水路交通固定资产总投资的33%、19%、45%和3%,区域投资差异化明显;全国公路水路交通固定资产投资年均增长7%以上,其中东部增幅达10%以上,西部、中部次之,东北地区是负增长。具体到地方,东部地区的浙江、山东、广东,中部地区的湖北、安徽,西部地区的云南、贵州、四川、广西等地投资力度位居前列。

表1-7和图1-3为2016—2020年我国公路水路交通固定资产投资额情况,具体包括全国,区分东部、中部、西部、东北地区以及31个

省(区、市)数据。

2016—2020年公路水路交通固定资产投资额(单位:亿元)　　表1-7

全国总计	19888	23141	23350	23452	25883
地　　区	2016年	2017年	2018年	2019年	2020年
东部地区	6301	7165	8202	8055	8929
中部地区	3964	3948	4272	4398	4969
西部地区	8828	11306	10299	10384	11312
东北地区	795	722	577	615	673
北京	134	266	231	147	136
天津	138	55	87	108	103
河北	781	665	743	836	938
山西	229	291	464	545	637
内蒙古	916	702	554	407	423
辽宁	283	249	146	82	137
吉林	321	264	261	304	224
黑龙江	192	209	170	230	312
上海	253	557	790	202	194
江苏	581	674	756	874	1034
浙江	1328	1568	1768	1842	1940
安徽	845	845	931	786	835
福建	858	891	877	767	742
江西	628	479	630	705	1026
山东	786	910	1159	1269	1467
河南	485	518	486	618	709
湖北	1026	991	1086	1191	1030
湖南	751	824	674	554	732
广东	1268	1399	1594	1846	2193
广西	721	804	813	1059	1429
海南	174	181	197	163	183

第一章 交通基础设施投资概况

续上表

地 区	2016 年	2017 年	2018 年	2019 年	2020 年
重庆	459	504	596	605	648
四川	1334	1505	1636	1806	1919
贵州	1500	1651	1700	1208	1139
云南	1272	1604	1882	2341	2765
西藏	403	569	652	457	420
陕西	508	582	648	707	621
甘肃	786	866	723	819	930
青海	388	447	414	204	230
宁夏	205	201	179	141	145
新疆	337	1872	502	630	643

数据来源：交通运输部网站、历年《中国交通运输统计年鉴》。

注：本表中东部地区包括北京、天津、河北、上海、江苏、浙江、福建、山东、广东、海南；中部地区包括山西、安徽、江西、河南、湖北、湖南；西部地区包括内蒙古、广西、重庆、四川、贵州、云南、西藏、陕西、甘肃、青海、宁夏、新疆；东北地区包括黑龙江、吉林、辽宁。

图 1-3 2016—2020 年各区域公路水路建设投资情况

高速公路在交通基础设施投资中占据重要地位。"十三五"期间，高速公路完成投资 5.2 万亿元，约占公路总投资的 1/2，占整个交通运输领域投资的 1/3。尤其是从 2019 年开始,高速公路年度投资额超过 1 万亿元,年增长率超过 15%,是相应年度交通基础设施总投资增长速度的 3 倍多,为拉动投资促进经济稳增长、决胜全面建成小康社会、加快推动交通强国建设做出了积极贡献。有关数据详见表 1-8。

2016—2020 年我国高速公路完成投资占比情况(单位:亿元)　表 1-8

年度	交通投资额	公路投资额	高速公路			
			投资额	同比增长	占公路投资额比例	占交通投资额比例
2016	28190	17976	8235	3.6%	45.8%	29.2%
2017	31371	21253	9258	12.4%	43.6%	29.5%
2018	31411	21335	9972	7.7%	46.7%	31.7%
2019	32031	21895	11504	15.4%	52.5%	35.9%
2020	34511	24312	13479	17.2%	55.4%	39.1%
合计	157514	106771	52448	—	49.1%	33.3%

各地交通投资强度(交通投资占地区生产总值比例)差异明显。以 2020 年度公路建设投资为例,公路投资占生产总值比重最高的是西藏,达到 22.1%,其他排在前六名的依次是云南、甘肃、青海、贵州、广西,均为西部地区;最低的六个地区依次是辽宁、北京、上海、天津、江苏、河南,主要为东部地区。关于 2020 年各地公路建设投资占地区生产总值的比重详见表 1-9。

2020 年各地公路建设投资占地区生产总值的比重(单位:亿元)　表 1-9

地　区	公路建设投资	地区生产总值	公路投资占生产总值比重	排名
西藏	420	1903	22.1%	1
云南	2752	24522	11.2%	2
甘肃	928	9017	10.3%	3

第一章 交通基础设施投资概况

续上表

地　　区	公路建设投资	地区生产总值	公路投资占生产总值比重	排名
青海	227	3006	7.6%	4
贵州	1107	17827	6.2%	5
广西	1334	22157	6.0%	6
新疆	635	13798	4.6%	7
四川	1870	48599	3.8%	8
江西	961	25692	3.7%	9
山西	631	17652	3.6%	10
宁夏	136	3921	3.5%	11
海南	171	5532	3.1%	12
浙江	1732	64613	2.7%	13
河北	899	36207	2.5%	14
重庆	617	25003	2.5%	15
内蒙古	414	17360	2.4%	16
陕西	620	26182	2.4%	17
黑龙江	307	13699	2.2%	18
湖北	948	43443	2.2%	19
安徽	723	38680	1.9%	20
广东	2016	110761	1.8%	21
吉林	223	12311	1.8%	22
山东	1323	73129	1.8%	23
湖南	708	41781	1.7%	24
福建	633	43904	1.4%	25
河南	667	54997	1.2%	26
江苏	869	102719	0.8%	27
天津	61	14084	0.4%	28
上海	161	38701	0.4%	29
北京	132	36103	0.4%	30
辽宁	86	25115	0.3%	31

四、投资成效显著

初步建成现代化综合交通运输网络。在国家预算资金投资的带动和引导下,"十三五"时期我国交通基础设施网络进一步完善优化,运输效率、交通网密度和通达深度进一步提升。"十三五"期末,全国铁路运营里程14.6万公里,比"十二五"期末增长20.7%;其中高速铁路运营里程大约3.8万公里,比"十二五"期末增长1倍,居世界第一位,覆盖95%的100万人口及以上的城市。全国铁路网密度152公里/万平方公里,比"十二五"期末增加26公里/万平方公里。全国公路总里程520万公里,比"十二五"期末增长13.5%;其中高速公路总里程16.1万公里,比"十二五"期末增长28.8%,居世界第一位,覆盖98.6%的20万人口及以上的城市和地级行政中心。全国公路网密度54.15公里/百平方公里,比"十二五"期末增加6.47公里/百平方公里。全国内河航道通航里程12.77万公里,等级航道里程6.73万公里,全国港口万吨级及以上泊位数2592个。颁证运输机场241个,比"十二五"期末增加31个,覆盖92%的地级市。

专栏:高速公路密度国际对标

截至2020年底,全国公路总里程520万公里,国道里程37.1万公里,省道里程38.3万公里,高速公路里程16.1万公里,其中国家高速公路里程11.3万公里。对比我国和美国、法国、德国、日本、意大利等发达国家的高速公路,我国东、中、西部地区高速公路密度(公里/万平方公里)分别为443、272和83,美国79、德国364、法国211、意大利230、日本238;综合考虑

> 国土面积、人口和GDP因素[公里/(万平方公里×万人×亿元)$^{1/3}$]来看，我国高速公路密度为2.93，美国2.21、德国3.04、法国2.86、意大利2.37、日本1.65。

有力保障脱贫攻坚和各项国家战略推进。交通基础设施建设投资，始终坚持"保基本、保重点"的基本原则，特别是中央投资在保障交通扶贫、保障国家战略方面发挥了重要作用。一方面，坚持优先支持贫困地区建设项目，2013—2019年，大幅提高贫困地区交通建设中央投资补助标准，安排支持贫困地区公路建设的车购税资金超过1.16万亿元，带动全社会投资约4.8万亿元，具体详见图1-4。国家高速公路、普通国道补助标准分别由"十二五"时期平均占项目总投资的15%、30%，提高到"十三五"时期的30%、50%左右，乡镇、建制村通硬化路平均补助标准提高到工程造价的70%以上。另一方面，保障服务国家战略重大项目实施，制定专项交通规划，重点保障京津冀交通一体化、雄安新区对外骨干路网、长江经济带综合立体交通走廊、"一带一路"互联互通境内骨干通道、粤港澳大湾区、长三角一体化等服务国家战略项目实施。

投资结构进一步调整优化。中央投资加大了对中央财政事权的支出比例，提高了国家高速公路、普通国道的补助标准。按照补短板、强弱项的工作思路，优先保障剩余乡镇和建制村通硬化路建设、国家高速公路待贯通路段、普通国省道提质改造、内河水运领域投入。用于高速公路、普通国省道和农村公路建设的投资占比分别为29%、36%和30%。实施了一批港口集疏运公路铁路项目，着力推进数字交通、平安交通、绿色交通建设，加强水上交通安全监管和应急能力建设。

年份	2013年	2014年	2015年	2016年	2017年	2018年	2019年
车购税投入	1182	1548	1360	1436	1770	2153	2154
全社会投入	3808	4143	4188	6697	9263	9957	9923

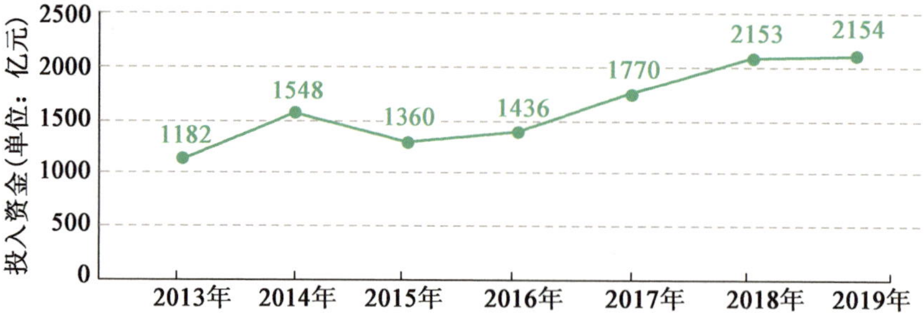

图1-4 2013—2019年我国车购税资金安排投入贫困地区情况

数据来源：脱贫攻坚网络展网站（国务院扶贫办政策法规司、全国扶贫宣传教育中心）http://fpzg.cpad.gov.cn/。

第二章　交通运输投融资环境与形势

我国发展仍然处于重要战略机遇期,但"十四五"期面临的形势较为严峻,风险和挑战巨大。在经济增速放缓背景下,财政收支矛盾,地方政府债务,既要避免"大水漫灌",又要防止信用收缩的金融政策、原材料价格上行等,这些都对交通投融资带来严峻挑战。因此,需要进一步稳定交通专项资金、积极盘活交通存量资产、加快调整收费公路政策、做强做优做大交通国有企业、防范和化解交通债务风险,促进交通可持续健康发展。

一、宏观经济形势分析

自2020年以来,面对国内外风险挑战明显增多的复杂局面,我国科学统筹新冠肺炎疫情防控和经济社会发展,经济持续稳定恢复,生产需求继续回升,经济发展呈现稳中向好态势。根据国家统计局发布数据,2021年我国国内生产总值(GDP)达114.37万亿元,按不变价格计算,比上年增长8.1%,两年平均增长5.1%。宏观经济政策以稳为主,并将保持连续性、稳定性和可持续性。

(一)经济运行情况

居民收入与经济增长基本同步,消费稳步增长,发挥了稳定经济增长的基础性作用。2021年,全国居民人均可支配收入35128

元,比上年名义增长9.1%,扣除价格因素实际增长8.1%,两年平均实际增长5.1%。收入分配结构持续改善,城乡居民人均收入比缩小。

基建投资增速全年低位徘徊,房地产投资增速下半年下滑较快,制造业投资成为拉动固定投资增长的重要力量。2021年,全国固定资产投资(不含农户)比上年增长4.9%,两年平均增长3.9%。分领域看,制造业投资增长13.5%,高于全部投资8.6个百分点,两年平均增长4.8%;房地产开发投资增长4.4%,两年平均增长5.7%;基础设施投资增长0.4%,两年平均增长0.3%。从产业行业看,高技术产业投资增长17.1%,高于全部投资12.2个百分点;卫生、教育投资分别增长24.5%、11.7%。

海外新冠肺炎疫情蔓延和供需缺口的持续存在,使得中国净出口再次实现了超预期增长。2021年,进出口总额比上年增长21.4%。其中,出口增长21.2%,进口增长21.5%,贸易顺差43687亿元。贸易结构持续优化,一般贸易比重比上年提高1.6个百分点。机电产品出口增长20.4%,占出口总额的59%。对"一带一路"沿线国家、《区域全面经济伙伴关系协定》(RCEP)贸易伙伴进出口分别增长23.6%、18.1%,贸易伙伴更趋多元化。

外商直接投资延续向高技术产业聚集的态势。2021年,全国实际使用外资金额11493.6亿元,同比增长14.9%。从产业分布看,外商投资继续向高技术产业聚集。2021年,高技术产业实际使用外资增长17.1%,其中高技术服务业增长19.2%,高技术制造业增长10.7%。

居民消费价格温和上涨,生产价格涨幅高位回落。受生猪产能进一步恢复、新冠肺炎疫情影响下总需求偏弱、高基数等因素影响,2021年居民消费价格指数(CPI)全年上涨0.9%,涨幅比上年回落

1.6个百分点。生产价格涨幅较高。由于全球能源和原材料供给总体偏紧,2021年国际大宗商品价格大幅上涨,推动我国工业生产者出厂价格指数(PPI)涨幅明显走高,全年上涨8.1%,涨幅比上年扩大9.9个百分点。2021年工业生产者购进价格指数(PPIRM)上涨11%,涨幅比上年扩大13.3个百分点。

财政收入增长较快,支出平稳增长。2021年,全国一般公共预算收入20.25万亿元,同比增长10.7%,与2019年相比增长6.4%。其中,税收收入17.27万亿元,同比增长11.9%;非税收入2.98万亿元,同比增长4.2%。2021年,全国一般公共预算支出24.63万亿元,同比增长0.3%。从支出结构上看,科学技术、教育、社会保障和就业支出增长较快,同比分别增长7.2%、3.5%、3.4%。

(二)财税改革形势

1. 面临的形势和挑战

党的十九届五中全会对我国发展的形势作出了判断:我国发展仍然处于重要战略机遇期,但机遇和挑战都有新的发展变化。对于财政而言,"十四五"期面临的形势较为严峻,风险和挑战巨大。主要原因:一是经济增速放缓,财政收入自然增长率受到限制,而财政刚性支出不减、收支增速持续倒挂所产生的收支矛盾问题尖锐;二是地方政府债务对财政可持续带来严峻挑战。

财政收支矛盾突出,财政压力不断加大。自2020年4月以来,全国财政支出增速持续正增长并大幅度超过财政收入增速,地方财政压力不断加大,各个地区的财政赤字维持扩张趋势。从中长期来看,受疫情冲击、经济潜在增长率下降,以及全球经济下滑的影响,预计未来五年我国财政收入总额将呈低水平运行势态,而财政支出压力仍然较大。虽然财政支出结构优化可以释放部分财力,但财政支出扩张态势未变,政府一般性支出缩减的空间已经很小。可以说,财政困难不只是近期、短期的事情,中期也会非常困难。

政府债务问题成为影响未来财政稳定和经济安全的重要因素。从2009年起至2020年,积极的财政政策已实行11年,财政赤字不断扩大,债务规模相应不断扩张。债务付息支出占一般公共预算支出比重不断上升,增速远超支出总额增速。2017年、2018年、2019年和2020年分别超出当年支出总额增速16%、10%、4.5%和13.6%。2019年中央财政债务付息支出占中央本级支出比重为13%,2020年升至15.8%,在中央本级各项支出中排位第二。地方债务问题更是突出,地方政府债务存量一直在快速增加。虽然短期内增加债务可以缓解特殊时期财政紧缺的压力,但对未来地方财政的可持续性提出了更大的挑战。"十四五"时期,多数省、区、市的债务可持续性堪忧,大约1/4的省级财政50%以上的财政收入将用于债务的还本付息。地方政府债务问题,不仅影响了地方政府公共服务供给能力,而且累积了财政金融风险。

财政部政府债务研究和评估中心发布信息显示,地方政府偿债压力越来越大,风险也在集聚。2020年底,地方政府债券债务余额将达26万亿元,债务率接近警戒区间下限。截至2021年12月末,全国地方政府债务余额30.47万亿元,控制在全国人大批准的限额(33.28万亿元)之内。

2. 财政改革发展趋势

财政改革面临的机遇和挑战发生着深刻变化,意味着战略需要适时预调、微调。未来财政改革，围绕我国"十四五"时期及至2035年的发展目标，以建立现代财税制度和完善财政政策为重点，增强前瞻性和针对性，提升服务全局的能力。主要改革内容和方向如下：

明确基本公共服务均等化的标准和范围，合理安排和调整财政支出。十九届五中全会提出，"十四五"时期基本公共服务均等化水平明显提高，到2035年基本公共服务实现均等化。基本公共服务均等化的水平和范围要比现在有显著提高，未来政府财力要负担一些新的支出。这要求在"十四五"期间就要开始筹划，逐步提高标准、扩充范围。要兼顾需要和可能，积极稳妥地把握，推动合理的基本公共服务均等化。只有基本公共服务的目标合理了，财政才能在可持续的前提下更好地发挥作用。

优化债务结构，提高地方一般债占比，降低地方专项债占比。优化债务结构的目的，一方面要防范地方债务风险累积，另一方面顺应促进消费、调整投资结构和满足群众美好生活需要的趋势。十九届五中全会明确提出，合理调整投资结构，加快补齐基础设施、市政工程、农业农村、公共安全、生态环保、公共卫生、物资储备、防灾减灾、民生保障等领域短板。这些领域实际上大部分都是与公益投资相关的，大多不属于专项债项目，部分投资可考虑通过地方一般债来满足。为此，需要在整体上调整债务结构，提高地方一般债占比，降低地方专项债占比。

调整和优化财政补贴，促进国内循环，理顺国际循环。从国内循环的角度而言，企业公平竞争状况在一定程度上决定国内循环的质量。我国的产业补贴是一把"双刃剑"，固然能支持产业发展，但也可能会抑制社会创新动力和企业活力，产生阻碍产业升级的因素。我国企业创新动力和能力不足，高端产品和核心技术缺少重大突破，其中一个重要的原因就是企业对政府补贴政策产生了"依赖症",缺乏十年磨一剑的韧性和创新精神。从国际循环来看,我国采取补贴的方式支持产业发展,受到国外关注较多,容易引发贸易争端。因此,加快形成双循环新发展格局,需要调整补贴政策,减少补贴,建立遴选机制和淘汰机制,倒逼企业加快向市场求发展。

(三)金融政策走势

1. 货币政策走势分析

货币政策和财政政策都是调节经济运行的重要工具,但二者侧重点不同。财政政策主要着眼于中长期,而货币政策则主要着眼于短期调整。

2021年的《政府工作报告》提出:稳健的货币政策要灵活精准、合理适度。把服务实体经济放到更加突出的位置,处理好恢复经济与防范风险的关系。货币供应量和社会融资规模增速与名义经济增速基本匹配,保持流动性合理充裕,保持宏观杠杆率基本稳定。保持人民币汇率在合理均衡水平上的基本稳定。进一步解决中小微企业融资难题。延续普惠小微企业贷款延期还本付息政策,加大再贷款再贴现支持普惠金融力度。延长小微企业融资担保降费奖补政策,完善贷款风险分担补偿机制。加快信用信息共享步伐。完善金融机构考核、评价和尽职免责制度。引导银行扩大信用贷款、持续增加首贷户,推广随借随还贷款,使资金更多流向科技创新、绿色发展,更多流向小微企业、个体工商户、新型农业经营主体,对受疫情持续影响行业企业给予定向支持。

预计"十四五"前半期将坚持稳字当头,不急转弯,根据形势变化灵活调节政策力度、节奏和重点,把服务实体经济放到更加突出的位置,既要避免"大水漫灌"导致经济过热和通胀,也要防止信用收缩。

2.金融风险监管政策分析

金融监管政策效果回顾。近年来,我国坚决打好防范化解重大金融风险攻坚战,取得了重要成果。一是宏观杠杆率过快上升势头得到遏制。宏观上管好货币总闸门,结构性去杠杆持续推进。前期对宏观杠杆率过快增长的有效控制,为应对新冠肺炎疫情中加大逆周期调节力度赢得了操作空间。二是高风险金融机构风险得到有序处置。对包商银行、恒丰银行、锦州银行等分类施策,有序化解了重大风险,强化市场纪律。三是企业债务违约风险得到妥善应对。推动银行业金融机构持续加大不良贷款处置力度,不断完善债券违约处置机制。四是互联网金融和非法集资等风险得到全面治理。全国存续的P2P网络借贷机构数量和规模大幅压降,非法集资等活动受到严厉打击,各类交易场所清理整顿稳妥有序推进。五是防范化解金融风险制度建设有力推进。出台资管新规相关配套细则并推动平稳实施,影子银行无序发展得到有效治理。总体看,经过治理,中国金融体系重点领域的增量风险得到有效控制,存量风险得到逐步化解,金融风险总体可控,守住了不发生系统性金融风险的底线。

经过三年来的集中整治,我国重点领域突出风险得到有序处置,系统性风险上升势头得到有效遏制,金融风险趋于收敛,风险总体可控,但当前我国经济金融发展面临的困难和风险挑战仍然较多,形势依然严峻。从国际看,受新冠肺炎疫情持续蔓延冲击,全球产业链供应链循环受阻,国际贸易和投资萎缩,股票、债券、大宗商品等风险资产市场波动加剧,国际经贸摩擦以及地缘政治演变等不确定性因素显著增多。从国内看,受新冠肺炎疫情影响,金融稳定形势受到新的挑战。一是新冠肺炎疫情冲击下,部分企业困难凸显,债务违约风险可能上升。二是新冠肺炎疫情导致的金融风险可能具有滞后性,后期不良贷款存在上升压力,需关注部分中小金融机构风险是否进一步恶化。三是新冠肺炎疫情发展趋势及影响还存在较大不确定性,需关注股市、债市、汇市运行状况。

金融监管政策走势。中央经济工作会议指出,2021 年保持宏观杠杆率基本稳定,处理好恢复经济和防范风险关系。要健全金融机构治理,促进资本市场健康发展,提高上市公司质量,打击各种逃废债行为。金融创新必须在审慎监管的前提下进行。

预计未来一段时期内,金融监管的重点是稳杠杆和防风险。货币政策与宏观审慎管理双支柱体系下,流动性管理工具与金融监管政策相互配合,实现宏观杠杆率基本稳定,防范化解重大金融风险。同时,强化反垄断和防止资本无序扩张,将金融创新纳入审慎监管,合理控制杠杆。未来一段时期内,要重点关注国有企业逃废债对交通平台融资的影响。统计显示,2020 年债券市场有 160 余只债券发生实质性违约,累计违约金额超过 1600 亿元。其中,国有企业、AAA 评级债券的违约数量明显增加。如 2020 年 10 月,辽宁国资控股的华晨集团 10 亿元私募公司债到期违约;11 月,信用评级 AAA 的永煤控股债券"20 永煤 SCP003"未能按期足额偿付本息,构成实质性违约。此后,紫光集团、永泰能源等多例信用债发生违约。这些债券的违约给债券市场带来一定震动,也引发投资者广泛关注。对此,2020 年 7 月,中国人民银行会同国家发展改革委和中国证监会联合出台了《关于公司信用类债券违约处置有关事宜的通知》,推动债券市场违约处置向市场化、法治化迈进。同时,最高人民法院发布《全国法院审理债券纠纷案件座谈会纪要》,这是我国第一部审理债券纠纷案件的系统性司法文件。

预计"十四五"期间我国债券市场各项制度建设步伐加快,相关法治建设和违约处置机制不断完善。交通融资平台在进行债券融资时将面临提高审核门槛、调高准入条件、加强信息披露、严格资信评级等监管要求。

总体来看,"十四五"时期金融政策将形成"稳货币+严监管"的搭配。主要原因:"十四五"初期,在外部不确定性和不稳定性依然存在、主要发达经济体持续实施量化宽松和低利率政策、经济复苏需要巩固、存款准备金率和利率上升空间有限,金融风险隐患暴露以及人民币大幅升值的情况下,为降杠杆而明显收紧货币政策是不明智的。同时,2021年、2022年是风险隐患暴露较多的年份。包括银行业和债券市场在内的有关金融风险需要引起高度关注。为避免风险暴露引发系统性金融风险,金融监管需不断加强。对于一些现金流难以覆盖债券本息偿还,且无优良资产资源增信的市县级交通融资平台将面临无资可融的风险。

(四)原材料价格走势

沥青。沥青价格自2018年稳步上升,2019年高位企稳。2020年受新冠肺炎疫情影响,经济活动受限,沥青需求下降,同时受石油"价格战"影响,沥青价格一季度大幅下滑。5月后,受国际油价触底反弹、国内经济逐渐恢复和全球货币超发等因素影响,沥青价格震荡回升。2021年始呈持续上涨态势,但目前仅为2018年二季度水平。据预测,2022年以来宏观经济形势和原油供需变化将推动原油价格上行,进而将推动沥青价格持续上行。从2020年开始到2022

年3月,全国以石油为原料的沥青现货价格走势详见图2-1。

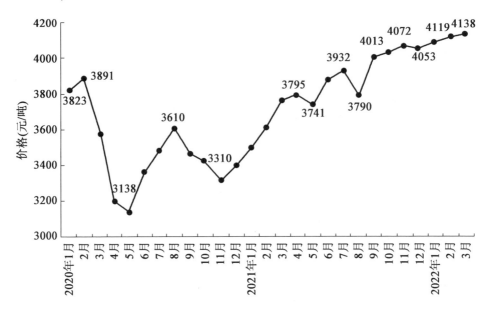

图2-1　2020—2022年3月全国石油沥青现货价格走势

资料来源:根据交通运输部路网中心提供数据整理所得,下同。

水泥。2016年以来,受煤炭价格上涨、环保去产能政策、基建和房地产投资加大等因素影响,水泥价格进入持续上涨通道,2019年底达到最高点。2020年高开低走、先跌后扬,整体跌幅约9%。2021年2月底回升至2020年初水平。据预测,2022年水泥价格将保持整体稳定。从2020年开始到2022年3月,全国42.5级水泥价格走势详见图2-2。

砂石。2017年以来,受环保政策影响,落后产能被淘汰,先进新产能未形成,砂石供给断崖式下降,供需严重失衡,价格持续上涨,基建量大、砂石资源短缺地区砂石价格涨幅更大。2020年受疫情影响,砂石需求下滑,价格明显回落,但供需矛盾依然突出,砂石供应紧张。受新产能释放周期影响,短期内砂石价格仍将保持高位震荡。从 2020 年开始到 2022 年 3 月,全国中粗砂和碎石(4 厘米)价格走势分别详见图 2-3 和图 2-4。

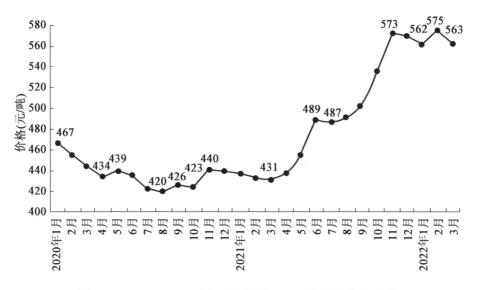

图 2-2　2020—2022 年 3 月全国 42.5 级水泥价格走势

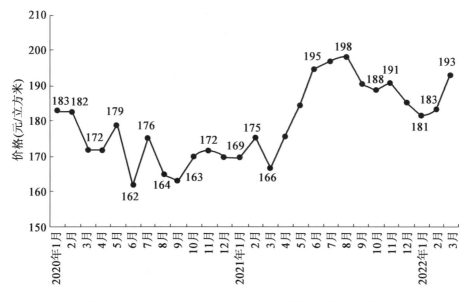

图 2-3　2020—2022 年 3 月全国中粗砂价格走势

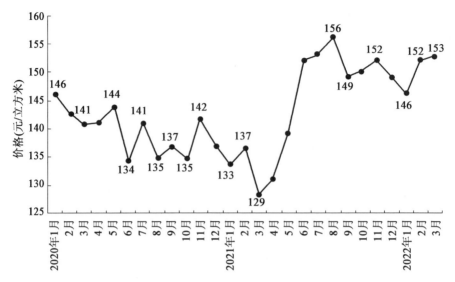

图 2-4　2020—2022 年 3 月全国碎石(4 厘米)价格走势

钢材。2020 年钢材价格先跌后涨,总体表现较为平稳。10 月以后因铁矿石、焦炭主要原料价格上涨带动钢材价格明显上涨。据预测,2022 年钢铁价格将维持宽幅震荡。从 2020 年开始到 2022 年 3 月,全国 HRB400 带肋钢筋价格走势详见图 2-5。

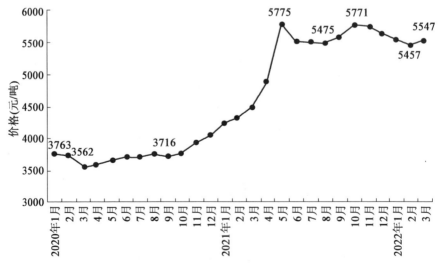

图 2-5　2020—2022 年 3 月全国 HRB400 带肋钢筋价格走势

未来展望。2022年以来,受北京冬奥会、全国两会,特别是疫情扩散影响,多地工程施工出现停滞,钢材、水泥、沥青和砂石市场传统旺季需求释放明显放缓,总体表现较为疲软。其中,钢材生产保持较低水平,库存由升转降,供给降幅收窄,铁矿石、焦炭等原燃料价格高位运行,成本支撑偏强,钢材价格略有增长;水泥行业较多处于错峰停产状态,供给明显下降,下游基础设施项目开工不足,水泥价格小幅波动;俄乌冲突导致俄罗斯油气供应减少,市场波动加剧,全球能源市场紧缺支撑油价上涨,沥青价格表现坚挺;砂石产量整体下滑,供给紧张支撑价格震荡偏强运行。近期看,在地缘局势、国内新冠肺炎疫情等影响下,钢材供需将大体平稳,价格呈小幅波动走势,水泥价格暂稳运行,沥青价格走势依旧偏强,砂石价格继续高位震荡运行。

二、交通运输投融资改革趋势

(一)中央专项资金投资政策

主要思路。一是全面落实《交通强国建设纲要》《国家综合立体交通网规划纲要》明确的发展目标、重点任务。二是落实《交通运输领域财政事权与支出责任划分改革方案》要求,突出保障中央财政事权的支出责任,并根据不同时期发展目标对地方财政事权给予支持。三是落实国务院《全面实施预算绩效管理的意见》要求,强化绩效导向,将全面预算绩效管理贯穿资金管理全过程。四是政策延续性和落实改革要求的有机统一,稳妥推进政策调整。车购税支持方向较多且财政事权归属不同,对不同支持方式分别制定实施方案,按照"成熟一项出台一项"原则推进。

重点支持方向。根据《交通强国建设纲要》确定的发展目标、方向和重点任务,结合"十四五"行业发展阶段性特征,在保持必要的投资延续性的基础上,进一步完善"十四五"中央交通投资政策的总体架构,明确并强化中央财政性资金对综合运输、智能交通、绿色交通、平安交通、促进开放合作等方面的支持。对纳入交通强国试点的建设项目优先安排,对"一一三"沿边沿海公路体系建设专项方案中高速公路、普通国道项目予以重点支持。主要包括:推进综合交通网络布局完善、立体互联;支持城市群交通网络和农村基础设施网进一步完善;支撑运输服务提质升级;加快构建智能和绿色交通体系,推进交通运输领域新型基础设施建设;强化平安交通应急体系建设;促进交通运输开放合作。对纳入交通强国试点的建设项目优先安排车购税等中央专项资金。

资金安排。"十四五"车购税预计共可安排1.8万~1.9万亿元,较"十三五"平均增长15%,其中:公路安排1.65万~1.75万亿元,较"十三五"平均增长13%左右;综合交通运输安排600亿元,较"十三五"增长50%;内河水运安排300亿元,与"十三五"基本持平。总体来看:一是突出保障中央财政事权的支出责任,将"界河桥梁(隧道)""边境口岸汽车出入境运输管理设施"等中央财政事权项目纳入资金保障范围。二是突出支持国家重大战略任务,将"综合交通运输"作为一个单独的支出方向,以支持现代综合立体交通网建设。三是聚焦支持重点,将符合国家战略方向的水运项目、启动国家应急响应的灾毁重建项目、部省信息化联网项目纳入支持范围。

政策改革创新。一是适当降低国高项目中央投资比例,统一以建安费取代静态总投资作为计算基数,发挥地方控制项目造价积极性和征地拆迁管理信息优势。二是适当提高普通国道中央投资补助比例,缓解地方筹资压力,保障普通国道建设平稳有序推进。三是采取以奖代补方式继续安排中央资金对省道和农村公路予以支持。分年度切块安排中央资金,由各省结合区域内实际,在中央支出范围内细化落实建设项目。由各省因地制宜制定投资补助标准,中央进行上限管理。四是采取竞争性评审方式支持构建综合交通运输体系,以城市为实施主体支持综合货运枢纽体系建设,择优选取一批符合《国家综合立体交通网规划纲要》要求的综合交通枢纽城市给予资金支持。五是实行全过程预算绩效管理,强化绩效评价结果运用。车购税资金政策期限为五年,政策到期后,将开展政策评估。根据评估结果确定下一阶段政策实施期限和方向。

(二)收费公路政策走势分析

现行《收费公路管理条例》已不适应新发展需要。一是现行《收费公路管理条例》(以下简称"现行《条例》")不适应深化财税体制改革和投融资体制改革的新要求,社会资本投资意愿不强,难以支撑收费公路可持续发展。二是现行《条例》制度设计难以解决收费公路债务问题,累积债务余额逐年扩大,而且越来越多高速公路到期或即将到期,面临到期债务悬空问题,风险不断累积。三是现行《条例》的有关制度无法适应高速公路长期养护管理的客观需要,难以保障高速公路持续提供高质量通行服务。四是现行《条例》有关管理制度难以满足社会公众对服务质量、服务水平和知情权、监督权等诉求,需要强化监管,接受社会广泛监督。

收费公路政策趋势研判。2015年7月,交通运输部就《收费公路管理条例》(修订征求意见稿)公开向社会征求意见。随着近年来国家财税体制、投融资体制等改革深入推进,收费公路发展的环境又发生了深刻变化。面对新形势,经深化研究,2018年12月,交通运输部重新向全社会公开《收费公路管理条例(修订草案)》。梳理收费公路相关政策,结合此次国家《收费公路管理条例(修订草案)》修订要点,研判未来收费公路政策发展趋势,主要是:

——"两个体系"是未来公路发展主基调。采取"收税"与"收费"并行的方式,兼顾和保障不同用路群体的权益,向公众提供可自由选择的差异化公路通行服务。今后,占公路总里程97%左右的非收费公路是主体,实现全国范围的通达,由一般公共预算保障其建设、养护、管理及改扩建等资金需求。占公路总里程3%左右的以高速公路为主的收费公路是补充,采取收取车辆通行费的方式,向公众提供高效率、高水平通行服务。

——将进一步建立低费率、长期限机制。针对社会公众对长期收费的热切关注,预计未来将进一步健全完善收费公路通行费标准的动态调整机制,强化政府监管和社会监督,建立低费率、长期限的收费公路价格形成机制。对于新建经营性公路项目,收费期限原则上不超过30年。对于投资规模大、回报周期长的项目,可以设定超过30年的经营期限,以吸引更多投资者,解决"融资难"问题。对于新建政府收费项目偿债期限按照覆盖债务、还本付息需求的原则合理设置,但最长不得超过30年。将建立政府收费公路到期债务结算制度,结算结果向社会公开,回应社会关切。经营性公路到期后明显降费转为政府收费公路,政府收费公路整体还清债务后再次大幅降费并进入养护收费。

——将建立区域统筹制度。针对社会公众"不断有新建项目债务进入,统贷统还将不可能有还清债务的一天"的担忧,对原有统贷统还制度进行优化调整,对原有存量的政府收费(还贷)公路实行区域统筹制度,对存量经营性公路经营期届满大幅降费一并纳入政府收费公路予以统筹。通过统筹收费和偿债,实现不同路段交叉补贴,促进路网均衡发展。同时通过省域规划、严格新建项目立项程序,科学把握新建收费公路规模,防止地方投资冲动和过度超前建设,实现化解存量债务、控制新增债务的双重目标。

——社会资本参与收费公路建设面临更多机遇。对于政府收费公路投资,因除公共财政资金投入外,将统一采取发行地方政府专项债券方式筹集,用通行费偿还,但受政府财政资金和地方政府专项债券发债额度的限制,此类收费公路的规模将会比较小。相应的,为政府特许经营收费公路(特别是高速公路)提供了广阔的发展空间,包括国内外经济组织通过依法投资建设(包括采用政府和社会资本合作模式)或者依照规定受让公路收费权两种模式。此外,政府特许经营,将更加强调契约精神,一方面公路经营者的合法权益将会得到更为有效的保障,另一方面政府也将更加强化监管,公路经营者将致力于提高公路通行服务水平,提供高品质的通行服务。

(三)国有企业改革形势分析

分类推进国有企业改革。根据国有资本的战略定位和发展目标,结合不同国有企业在经济社会发展中的作用、现状和发展需要,将国有企业分为商业类和公益类。商业类国有企业按照市场化要求实行商业化运作,以增强国有经济活力、放大国有资本功能、实现国有资产保值增值为主要目标。公益类国有企业以保障民生、服务社会、提供公共产品和服务为主要目标,引入市场机制,提高公共服务效率和能力。

加快国有经济布局优化和结构调整。围绕服务国家战略,落实国家产业政策和重点产业布局调整总体要求,优化国有资本重点投资方向和领域,推动国有资本向关系国家安全、国民经济命脉和国计民生的重要行业和关键领域、重点基础设施集中,向前瞻性、战略性产业集中,向具有核心竞争力的优势企业集中。加快处置低效无效资产,淘汰落后产能,剥离办社会职能,解决历史遗留问题,提高国有资本配置效率。推动国有企业战略性重组,聚焦发展实体经济突出主业、做强主业,加快推进横向联合、纵向整合和专业化重组,提高国有企业核心竞争力,增强国有经济活力、控制力、影响力、国际竞争力、抗风险能力。

完善现代企业制度。推进公司制股份制改革。加大集团层面公司制改革力度,积极引入各类投资者实现股权多元化,推动国有企业改制上市,创造条件实现集团公司整体上市;根据不同企业的功能定位,逐步调整国有股权比例,形成股权结构多元、股东行为规范、内部约束有效、运行高效灵活的经营机制;允许将部分国有资本转化为优先股,在少数特定领域探索建立国家特殊管理股制度。

完善国有资产管理体制。以管资本为主推进国有资产监管机构职能转变。科学界定国有资产出资人监管的边界,实现以管企业为主向以管资本为主的转变。以管资本为主改革国有资本授权经营体制。改组组建国有资本投资、运营公司,探索有效的运营模式,通过开展投资融资、产业培育、资本整合,推动产业集聚和转型升级,优化国有资本布局结构;通过股权运作、价值管理、有序进退,促进国有资本合理流动,实现保值增值。以管资本为主推动国有资本合理流动优化配置。支持企业依法合规通过证券交易、产权交易等资本市场,以市场公允价格处置企业资产,实现国有资本形态转换,变现的国有资本用于更需要的领域和行业。支持国有企业开展国际化经营,鼓励国有企业之间以及与其他所有制企业以资本为纽带,强强联合、优势互补,加快培育一批具有世界一流水平的跨国公司。以管资本为主推进经营性国有资产集中统一监管。建立覆盖全部国有企业、分级管理的国有资本经营预算管理制度,提高国有资本收益上缴公共财政比例,2020年提高到30%。

发展混合所有制经济。积极推进主业处于充分竞争行业和领域的商业类国有企业混合所有制改革,有效探索主业处于重要行业和关键领域的商业类国有企业混合所有制改革;在引导子公司层面改革的同时,探索在集团公司层面推进混合所有制改革。鼓励非国有资本投资主体通过出资入股、收购股权、认购可转债、股权置换等多种方式,参与国有企业改制重组或国有控股上市公司增资扩股以及企业经营管理。支持集体资本参与国有企业混合所有制改革,有序吸收外资参与国有企业混合所有制改革。推广政府和社会资本合作(PPP)模式,优化政府投资方式,通过投资补助、基金注资、担保补贴、贷款贴息等,优先支持引入社会资本的项目。探索实行混合所有制企业员工持股,通过实行员工持股建立激励约束长效机制。

加强国有企业资产负债约束。建立和完善国有企业资产负债约束机制,强化监督管理,促使高负债国有企业资产负债率尽快回归合理水平。根据不同行业资产负债特征,分行业设置国有企业资产负债约束指标标准。严格控制产能过剩行业国有企业资产负债率,适度灵活掌握有利于推动经济转型升级发展的战略性新兴产业、创新创业等领域的国有企业资产负债率。完善国有企业资产负债自我约束机制:强调国有企业是落实资产负债约束的第一责任主体;强化国有企业集团公司对所属子企业资产负债约束;增强内源性资本积累能力,以提高发展质量和效益为中心,聚焦主业"瘦身健体",通过创新驱动提高生产率。强化国有企业资产负债外部约束机制,国有资产管理部门建立企业资产负债监测与预警体系,建立高负债企业限期降低资产负债率机制,健全资产负债约束的考核引导,加强金融机构对高负债企业的协同约束,强化企业财务失信行为联合惩戒机制。

对交通国有企业发展影响。一是进一步明确交通国有企业的发展定位。交通国有企业应根据国有资本的战略定位和发展目标,结合在经济社会发展中的作用、现状和发展需要,按照地方政府的有关要求,进一步明确自身属性定位,根据属性定位的不同明确发展方向。二是抢抓机遇做大做强交通建设品牌。推进国有资本投资运营公司建设与混合所有制改革是本轮国资国企改革的两大核心任务。要改革国有资本管理体制,推动政府职能从"管资产、管人、管事"向"管资本为主"转变。为此,地方政府积极推进国企整合重组,针对龙头企业进行整合,打造具有国际竞争力的"国家品牌"和"业内品牌"。要积极发展混合所有制经济、做强做优做大国有企业,在避免国有资产流失、推动国有资产保值增值的基础上,从战略投资的角度引入社会资本,通过引入非公经济成分或股权多元化,促进企业完善法人治理、创新经营机制、提升运营效率、增强发展活力。交通国有企业,应紧抓交通系统企业重组整合契机,以做大做强中国交通建设品牌为己任,深化改革,紧抓交通发展新机遇,研究在新的背景下交通新业态、新科技、新商业模式,创新投融资模式,推动改制上市,打造地方产业王者地位。三是完善内部管理提升企业集团管控能力。对交通国有企业集团组织架构进行调整优化,健全党委会、董事会、监事会、经理层设置,加快制定和完善"三会一层"议事决策制度和"三重一大"决策制度实施办法,明确各治理主体的权责边界、工作流程,充分发挥党组织领导作用、董事会决策作用、监事会监督作用、经理层的经营管理作用。理顺总公司与子公司、分公司的组织架构,完成重组优化工作,制定集团化、规范化、人性化的管理制度,发挥总部制度输出者的角色定位,强化总部的投融资能力、搭建总部功能平台,提高总部服务能力。加强企业集团一体化协同运作机制,从企业集团层面加强对产业次集团和专业公司的管理和控制,既要充分发挥产业次集团和专业公司的资源优势,又将它们有机协调起来,在集团整体运作链条的各个环节加强协同合作,提升整体协同作战能力,最大化集团资源利用效率。不断提高集团风险管理水平,制定完善的风险管理体系制度,加强财务监督、检查的力度,对经营活动中的关键环节、财务活动等进行定期监督和评价,建立、运行、改进、完善风险预警制度,时时对企业的风险进行防范和应对。建立健全内控制度体系,建立决策、执行、监督一体化的内控制度,在财务、会计、预算、投资、融资、风控、工程和纪检方面建立行之有效的企业内部管理制度和机制,防范和控制企业风险。建立财务预算制度,提高预算流程的规范化、制度化,做到企业未来的资金使用"有依有据",有数据和理论的支撑。通过采取上述措施,全面提升交通国有企业集团整体管控能力。

(四)公路债务风险防范趋势

我国公路建设形成的债务可分为收费公路债务和普通公路债务,其中收费公路债务又分为政府还贷公路债务和经营性公路债务。经营性公路债务由各社会投资主体举借并偿还。政府还贷公路债务主要是由各地交通运输厅(局)及所属行政事业类单位通过银行贷款的方式举借,也有相当一部分是通过各类交通融资平台公司举借。根据《国务院关于加强地方政府性债务管理的意见》(国发〔2014〕43号)要求,各地要剥离融资平台的政府融资功能,并对截至2014年底的全国地方政府性债务进行甄别。根据甄别结果,政府还贷公路债务大多数被认定为政府负有担保或救助责任的债务(也称或有债务),由举债单位偿还;大多省份普通公路债务一般甄别为政府债务,按政策通过发行地方政府置换债券进行置换,或者未置换的则仍由地方交通运输部门背负,由财政安排一般公共预算资金偿还。

2018年,中央关于防范化解地方政府隐性债务风险的意见出台,财政部再次对全国地方政府隐性债务进行甄别,将2014年之前的或有债务和2015年及之后的政府还贷公路新增债务甄别为地方政府隐性债务,要求地方各级政府妥善化解隐性债务存量,制定化解存量隐性债务风险实施方案,明确在5~10年内化解完毕。财政部将地方政府隐性债务化解情况与地方政府债券新增额度挂钩。

2021年以来,国务院又印发了《关于进一步深化预算管理制度改革的意见》(国发〔2021〕5号),银保监会和国资委等部委进一步出台了《银行保险机构进一步做好地方政府隐性债务风险防范化解工作的指导意见》(银保监发〔2021〕15号)和《关于加强地方国有企业债务风险管控工作的指导意见》(国资发财评规〔2021〕18号)等政策文件,这些文件对地方政府隐性债务的清理处置和国有企业债务风险的管控进一步明确了方向。

综合以上政策,其核心要点为:一是明确了地方政府只能通过发行地方政府债券的方式举债,不得以其他任何方式举借债务。二是严禁以企业债务形式增加隐性债务,严禁通过金融机构违规融资或变相举债。三是清理规范地方融资平台公司,对失去清偿能力的要依法实施破产重整或清算。四是企业要根据财务承受能力科学确定投资规模,从源头上防范债务风险。五是规范平台公司重大项目的投融资管理,严控缺乏交易实质的变相融资行为。具体防控措施详见表2-1。

第二章 交通运输投融资环境与形势

债务风险防控政策清单 表2-1

序号	文 件 名	具 体 要 求	适用主体
1	《中华人民共和国预算法》（2014年修正）	第三十五条　经国务院批准的省、自治区、直辖市的预算中必需的建设投资的部分资金，可以在国务院确定的限额内，通过发行地方政府债券举借债务的方式筹措。 除前款规定外，地方政府及其所属部门不得以任何方式举借债务。 除法律另有规定外，地方政府及其所属部门不得为任何单位和个人的债务以任何方式提供担保。	各级政府及其所属部门
2	《国务院关于加强地方政府性债务管理的意见》（国发〔2014〕43号）	二、加快建立规范的地方政府举债融资机制 （二）建立规范的地方政府举债融资机制。没有收益的公益性事业发展确需政府举借一般债务的，由地方政府发行一般债券融资，主要以一般公共预算收入偿还。有一定收益的公益性事业发展确需政府举借专项债务的，由地方政府通过发行专项债券融资，以对应的政府性基金或专项收入偿还。	各级政府及其所属部门
3	《国务院关于加强地方政府性债务管理的意见》（国发〔2014〕43号）	二、加快建立规范的地方政府举债融资机制 （三）推广使用政府与社会资本合作模式。政府对投资者或特别目的公司按约定规则依法承担特许经营权、合理定价、财政补贴等相关责任，不承担投资者或特别目的公司的偿债责任。	各级政府及其所属部门
4	《国务院关于加强地方政府性债务管理的意见》（国发〔2014〕43号）	二、加快建立规范的地方政府举债融资机制 （四）加强政府或有债务监管。剥离融资平台公司政府融资职能，融资平台公司不得新增政府债务。	融资平台公司

续上表

序号	文件名	具体要求	适用主体
5	《关于进一步规范地方政府举债融资行为的通知》(财预〔2017〕50号)	二、切实加强融资平台公司融资管理。地方政府不得将公益性资产、储备土地注入融资平台公司,不得承诺将储备土地预期出让收入作为融资平台公司偿债资金来源,不得利用政府性资源干预金融机构正常经营行为。进一步健全信息披露机制,融资平台公司在境内外举债融资时,应当向债权人主动书面声明不承担政府融资职能,并明确自2015年1月1日起其新增债务依法不属于地方政府债务。金融机构为融资平台公司等企业提供融资时,不得要求或接受地方政府及其所属部门以担保函、承诺函、安慰函等任何形式提供担保。	地方各级政府、融资平台公司
6	《关于进一步规范地方政府举债融资行为的通知》(财预〔2017〕50号)	三、规范政府与社会资本方的合作行为。地方政府应当规范政府和社会资本合作(PPP)。允许地方政府以单独出资或与社会资本共同出资方式设立各类投资基金,依法实行规范的市场化运作,按照利益共享、风险共担的原则,引导社会资本投资经济社会发展的重点领域和薄弱环节,政府可适当让利。地方政府不得以借贷资金出资设立各类投资基金,严禁地方政府利用PPP、政府出资的各类投资基金等方式违法违规变相举债,除国务院另有规定外,地方政府及其所属部门参与PPP项目、设立政府出资的各类投资基金时,不得以任何方式承诺回购社会资本方的投资本金,不得以任何方式承担社会资本方的投资本金损失,不得以任何方式向社会资本方承诺最低收益,不得对有限合伙制基金等任何股权投资方式额外附加条款变相举债。	地方各级政府及其所属部门

续上表

序号	文 件 名	具 体 要 求	适用主体
7	《财政部发展改革委司法部人民银行银监会证监会关于进一步规范地方政府举债融资行为的通知》（财预〔2017〕50号）	四、进一步健全规范的地方政府举债融资机制。全面贯彻落实依法治国战略，严格执行预算法和国发〔2014〕43号文件规定，健全规范的地方政府举债融资机制，地方政府举债一律采取在国务院批准的限额内发行地方政府债券方式，除此以外地方政府及其所属部门不得以任何方式举借债务。地方政府及其所属部门不得以文件、会议纪要、领导批示等任何形式，要求或决定企业为政府举债或变相为政府举债。允许地方政府结合财力可能设立或参股担保公司(含各类融资担保基金公司)，构建市场化运作的融资担保体系，鼓励政府出资的担保公司依法依规提供融资担保服务，地方政府依法在出资范围内对担保公司承担责任。	地方各级政府及其所属部门
8	《财政部办公厅关于规范政府和社会资本合作（PPP）综合信息平台项目库管理的通知》（财办金〔2017〕92号）	三、集中清理已入库项目 （四）构成违法违规举债担保。包括由政府或政府指定机构回购社会资本投资本金或兜底本金损失的；政府向社会资本承诺固定收益回报的；政府及其部门为项目债务提供任何形式担保的；存在其他违法违规举债担保行为的。	地方各级政府及其所属部门
9	《国务院关于进一步深化预算管理制度改革的意见》（国发〔2021〕5号）	六、加强风险防控，增强财政可持续性 （二十）健全地方政府依法适度举债机制。健全地方政府债务限额确定机制，一般债务限额与一般公共预算收入相匹配，专项债务限额与政府性基金预算收入及项目收益相匹配。完善专项债券管理机制，专项债券必须用于有一定收益的公益性建设项目，建立健全专项债券项目全生命周期收支平衡机制，实现融资规模与项目收益相平衡，专项债券期限要与项目期限相匹配，专项债券项目对应的政府性基金收入、专项收入应当及时足额缴入国库，保障专项债券到期本息偿付。	地方各级政府

续上表

序号	文　件　名	具 体 要 求	适用主体
10	《国务院关于进一步深化预算管理制度改革的意见》（国发〔2021〕5号）	六、加强风险防控，增强财政可持续性 （二十一）防范化解地方政府隐性债务风险。强化国有企事业单位监管，依法健全地方政府及其部门向企事业单位拨款机制，严禁地方政府以企业债务形式增加隐性债务。严禁地方政府通过金融机构违规融资或变相举债。	地方各级政府及其所属部门
11	《国务院关于进一步深化预算管理制度改革的意见》（国发〔2021〕5号）	六、加强风险防控，增强财政可持续性 （二十二）防范化解财政运行风险隐患。各地区出台涉及增加财政支出的重大政策或实施重大政府投资项目前，要按规定进行财政承受能力评估，未通过评估的不得安排预算。规范政府和社会资本合作项目管理。各部门出台政策时要考虑地方财政承受能力。除党中央、国务院统一要求以及共同事权地方应负担部分外，上级政府及其部门不得出台要求下级配套或以达标评比、考核评价等名目变相配套的政策。	地方各级政府
12	财政部：财金函〔2021〕40号关于在公共服务领域完善规范政府和社会资本合作及授权特许经营等非传统投融资模式的建议，对十三届全国人大四次会议第9528号建议的答复	一、关于加快非传统投融资模式立法进程 2014年以来，按照党中央、国务院决策部署，财政部会同有关方面坚持规范有序推进政府和社会资本合作（PPP），逐步构建"法律规范+政策保障+操作指引"三位一体的PPP全生命周期制度体系，为PPP项目规范实施提供了制度保障。 但由于现行PPP管理制度法律层级和效力较低，对PPP的内涵外延、职责分工等缺乏法律层面的统一规制，当前推进PPP工作仍面临政策预期不稳、管理职责不清、程序衔接不畅等问题。同时，由于PPP监管趋严等原因，部分地方开始采用"授权—建设—运营"（ABO）、"融资+工程总承包"（F+EPC）等尚无制度规范的模式实施项目，存在一定地方政府隐性债务风险隐患。	地方各级政府及其所属部门

第二章 交通运输投融资环境与形势

续上表

序号	文件名	具体要求	适用主体
12	财政部:财金函〔2021〕40号关于在公共服务领域完善规范政府和社会资本合作及授权特许经营等非传统投融资模式的建议,对十三届全国人大四次会议第9528号建议的答复	三、关于建立健全投融资违规情形认定与违规责任追究机制 按照预算法规定,地方政府举借债务只能采取发行地方政府债券方式,除此以外不得以任何方式举借债务。为规范地方政府举债融资行为,党中央、国务院已出台相关政策,严禁地方政府通过融资平台公司或以PPP、政府投资基金、政府购买服务等名义违法违规或变相举债,并建立了地方政府举债终身问责和债务问题倒查机制,做到终身问责、倒查责任。各级审计机关在国家重大政策措施落实情况跟踪审计、地方党委和政府主要领导干部经济责任审计、财政专项资金审计等项目中,重点关注地方政府、相关单位遵守投融资领域法律法规情况,对违法投融资导致的隐性债务、项目烂尾、资金损失等问题,发现一起、揭示一起,并加强督促落实整改,推动规范地方政府投融资行为、防范地方政府隐性债务风险。	地方各级政府及其所属部门
13	中国银保监会《银行保险机构进一步做好地方政府隐性债务风险防范化解工作的指导意见》(银保监发〔2021〕15号)	二、严禁新增地方政府隐性债务 (三)加强融资平台公司新增融资管理。对承担地方政府隐性债务的客户,银行保险机构还应遵守以下要求:一是不得新提供流动资金贷款或流动资金贷款性质的融资。二是不得为其参与地方政府专项债券项目提供配套融资。除此以外对确因经营需要且符合项目融资要求的,必须由客户报本级人民政府书面审核确认,银行保险机构将审核确认情况作为审批融资的前提条件,同时严禁以审核确定名义进行变相担保。	地方各级交通企业
14	《关于加强地方国有企业债务风险管控工作的指导意见》(国资发财评规〔2021〕18号)	二、完善债务风险监测预警机制 探索建立地方国有企业债务风险量化评估机制,综合债务水平、负债结构、盈利能力、现金保障、资产质量和隐性债务等,对企业债务	地方各级交通企业

续上表

序号	文件名	具体要求	适用主体
14	《关于加强地方国有企业债务风险管控工作的指导意见》(国资发财评规〔2021〕18号)	风险进行精准识别,将债务风险突出的企业纳入重点管控范围,采取特别管控措施,督促企业"一企一策"制定债务风险处置工作方案,确保稳妥化解债务风险。 三、分类管控资产负债率 各地方国资委可参照中央企业资产负债率行业警戒线和管控线进行分类管控,对高负债企业实施负债规模和资产负债率双约束,"一企一策"确定管控目标。	地方各级交通企业

1.防范化解地方政府隐性债务风险趋势

为防范化解地方政府隐性债务风险,中央要求严格甄别地方政府隐性债务,坚决遏制隐性债务增量、妥善化解隐性债务存量、开好地方政府规范举债融资的"前门",并强调省级党委和政府对本地区债务风险负总责,地方党政主要负责人是本地区第一责任人,建立地方政府举债终身问责和债务问题倒查机制。从出台的文件来看,新的趋势变化主要体现在:

一是严禁新增隐性债务。明确打消财政兜底幻觉,要求金融机构以市场化的模式开展放贷业务。明确不得提供以预期土地出让收入作为企业偿债资金来源的融资。银行保险机构应在合同中约定,一旦发现客户违规新增地方政府隐性债务将终止提供融资,已签订融资合同的终止提款。对承担地方政府隐性债务的客户,银行保险机构还应遵守以下要求:第一,不得新提供流动资金贷款或流动资金贷款性质的融资;第二,不得为其参与地方政府专项债券项目提供配套融资。

二是妥善化解存量地方政府隐性债务。优先化解期限短、涉众广、利率高、刚性兑付预期强的债务,防范存量隐性债务资金链断裂的风险;要求银行保险机构承接的债权债务关系清晰,对应资产清楚、项目具备财务可持续性、化债方案明确且切实可行、短期偿债压力较大的到期地方政府隐性债务,可适当延长期限,探索降低债务利息成本。

三是强化监管监测。各级监管机构要高度重视地方政府债务风险,建立地方政府债务风险监测体系。各银保监局要结合当地实际,制定辖内的风险应急处置预案;对不能按隐性债务化解方案落实资金来源,未能按期偿还的,要指导银行保险机构及时与地方政府进行沟通,采取措施及时处置重大突发事件风险,并及时报告银保监会。

2.加强地方国有企业债务风险管控趋势

2020年,华晨汽车集团控股有限公司和永城煤电控股集团有限公司两家地方国有企业先后于2020年10月和2020年11月对外公告无法兑付到期债券本息,宣告实质性违约。其后,陆续有国有企业出现实质性违约。鉴于以上违约情况,2019年以来,中央多次加强地方国有企业债务风险的管控,主要从"事前管理、事中应对、事后管理"三个方面提出要求。

一是事前管理。参照央企债务风险量化评估体系,结合地方实际情况建立地方国企债务风险预警机制,找出重点薄弱环节企业督促跟踪。对高负债企业实施负债规模与资产负债率两项指标双约束,按照"一企一策"确定管控目标,对表外融资、担保和平台公司变相融资等环节覆盖监管。提倡开展债券全生命周期管理,参照央企债券发行管理的规定,借鉴央企信用保障基金模式,建立一系列控制地方国企融资的制度,建立风险主体偿付督促机制。

二是事中应对。对于已经发生违约的企业,通过盘活土地、出售股权等存量资产的方式补充资金达成和解方案,防止发生风险踩踏和外溢,避免出险企业影响整个地区的市场信用。

三是事后管理。对于无力化解、确需破产的企业,重点在于避免逃废债,要及时、准确披露股东或实控人变更、资产划转、新增大额债务等重大事项,借助地方政府力量,妥善做好风险处置,降低对区域风险的负面影响。

在此背景下,地方政府为了化解交通运输领域政府隐性债务,同时也为新增债券发行腾出空间,陆续将政府还贷公路资产和债务划转给企业,并通过债务重组(或称融资再安排)方式延长还债期限。金融机构从优化资产结构,降低坏账率的角度考虑,也接受了这一做法。《国务院关于加强地方政府性债务管理的意见》(国发〔2014〕43号)和《中共中央国务院关于防范化解地方政府隐性债务风险的意见》(中发〔2018〕27号)两项政策相叠加,使得债务重组成为地方化解政府隐性债务风险的主要路径。

PART 2
专题篇

第三章 收费公路发展状况及趋势

收费公路是我国交通运输基础设施系统的重要组成部分,为我国经济社会快速发展起到了重要作用。本章从管理体制、通车里程、建设投资等方面入手梳理我国收费公路发展现状,分析收费公路通行费收入、支出、收支缺口、债务余额等情况;剖析我国收费公路发展面临的困难和问题,包括债务风险不断累积、政府还贷公路存量债务化解不规范、新建公路项目财务效益偏低等;最后研判了收费公路发展趋势导向,包括建立发展刚性控制机制、收费期限设置客观考虑项目债务偿还需求、建立差异化收费机制等。

一、收费公路发展现状

(一)管理体制

1984 年 12 月,国务院批准出台了"贷款修路、收费还贷"的收费公路政策,打破了公路建设单纯依靠财政投资的机制束缚,形成了"国家投资、地方筹资、社会融资、利用外资"的多元化投融资格局。在国家收费公路相关法律法规的不断完善下,收费公路建设运营管理逐步形成两种模式:一是政府还贷公路模式,即由县级以上地方人民政府交通主管部门利用贷款或者向企业、个人有偿集资建设的公路;按照政事分开的原则,依法设立专门的不以营利为目的的法人组织建设、运营和管理政府还贷公路。二是经营性公路模式,即国内外经济组织投资建设或者依照公路法的规定受让政府还贷公路收费权的公路;由依法成立的公路企业法人建设、经营和管理经营性公路。

近年来,随着国家财税体制、投融资体制等改革深入推进,收费公路发展的环境又发生了深刻变化。当前收费公路建设运营管理主要由两种模式:一是政府收费公路,政府通过举债方式建设或者依法收回收费权的公路;由省级人民政府或者其授权的部门依法确定的法人组织实施政府收费公路的建设、养护和运营管理。二是经营性公路,国内外经济组织投资建设或者依法取得收费权的公路;由投资者或者其设立的企业法人负责建设、经营和养护经营性公路。按照有关规定及操作实践,经营性公路又分为PPP和特许经营(BOT)两种模式。

PPP(Public-Private Partnership)模式,又称政府和社会资本合作模式,是公共基础设施中的一种项目运作模式。政府为增强公共产品和服务供给能力、提高供给效率,通过特许经营、股权合作等方式,与各类社会资本进行合作,让社会资本参与公共基础设施的投建管养运,双方建立利益共享、风险分担的长期合作关系。在收费公路领域,PPP模式主要包括使用者付费和可行性缺口补助两种回报机制。其中,使用者付费,是指收费公路用户运营期直接付费完全覆盖项目投资成本和支出,使社会资本成本回收和合理回报,适用于没有资金缺口的收费公路。可行性缺口补助,是指收费公路用户直接付费不足以满足社会资本或项目公司成本回收和合理回报,而由政府以财政补贴、股本投入、优惠贷款和其他优惠政策的形式,给予社会资本或项目公司的经济补助,适用于有一定资金缺口的收费公路。

BOT(build-operate-transfer)即建设—运营—移交模式,是政府通过公开招标、竞争性谈判等竞争方式选择投资人,通过签订特许经营协议明确权利义务和风险分担,约定其在一定期限和范围内投资建设运营收费公路并获得收益,提供快速便捷的通行服务。在特许经营期结束后,投资人将公路无偿移交给政府。从投融资角度看,获得收费公路收费经营权的企业作为项目建设运营主体,负责项目投资建设和资金筹集、开展市场化融资并自负盈亏,项目债务属于企业债务。

(二)通车里程

1. 规模情况

根据《2020年全国收费公路统计公报》,2020年末,全国收费公路里程17.92万公里,占公路总里程519.81万公里的3.45%,较2019年末增长4.8%。

2. 技术等级结构

2020年末,全国收费公路里程17.92万公里,其中,高速公路15.29万公里,一级公路1.74万公里,二级公路0.79万公里,独立桥梁及隧道1068公里,占比分别为85.3%、9.7%、4.4%和0.6%,详见图3-1。

与2019年末相比,2020年全国收费公路中高速公路占比由原来的83.5%提高到85.3%,提高了1.8个百分点;相应的,普通公路占比由原来的16.5%下降到14.7%,具体详见图3-2。随着高速公路里程不断增长、逐步有序取消政府还贷二级公路收费和普通收费公路逐步到期停止收费,全国收费公路结构进一步优化。北京、天津、辽宁等10个省(区、市)已经全面取消普通公路收费,全国公路"两个体系"建设加快推进,公众出行更加便捷。

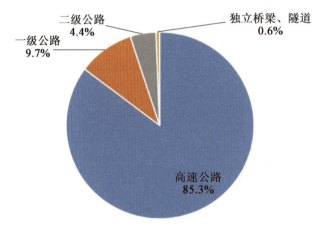

图 3-1　2020 年全国收费公路技术等级结构

数据来源:全国相关年份的收费公路统计公报及解读,下同。

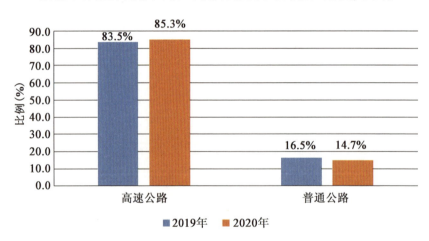

图 3-2　全国高速公路与普通公路比例变化情况

3. 项目属性结构

2020 年末,全国政府还贷公路里程 8.36 万公里,占全国收费公路里程的46.6%;全国经营性公路里程9.57万公里,占全国收费公路里程的53.4%。

与2019年末相比,政府还贷公路占收费公路总里程的比例由54.9%下降到46.6%;里程绝对值由93872.1公里减少到83578.5公里,净减了10293.6公里,下降11%。主要原因是部分政府还贷公路因收费权益转让,变为了经营性公路,导致政府还贷公路里程大幅减少。

与2019年末相比,经营性公路占收费公路总里程的比例由45.1%上升到53.4%;里程绝对值由77220.8公里增加到95663.2公里,净增18442.4公里,增长23.9%,具体详见图3-3。主要原因:一是新建经营性高速公路集中通车;二是部分政府还贷高速公路因收费权益转让,变为了经营性高速公路。

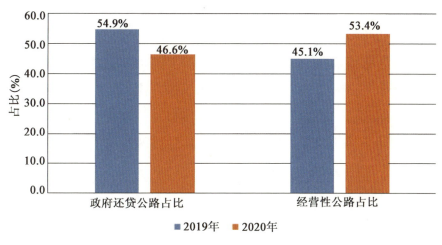

图3-3 全国收费公路经营性质结构变化情况

4.区域分布结构

2020年末,东部地区收费公路里程5.20万公里,占全国收费公路里程的29%;中部地区收费公路里程5.12万公里,占全国收费公路里程的28.6%;西部地区收费公路里程7.60万公里,占全国收费公路里程的42.4%。具体详见图3-4。

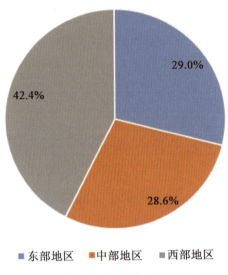

图3-4 全国收费公路区域分布结构

与2019年末相比,2020年东部地区收费公路里程增长7.5%,占收费公路总里程的比例由28.2%上升到29.0%;中部地区收费公路里程增长3.5%,占收费公路总里程的比例由28.9%下降到28.6%;西部地区收费公路里程增长4.8%,占收费公路总里程的比例由42.8%下降到42.4%。可见,收费公路的区域分布结构变化不大。具体详见图3-5。

5.各地分布情况

2020年末,内蒙古、新疆、广东等省(区、市)收费公路里程超过1万公里,位列全国前三位,其中内蒙古里程高达1.7万公里。山东、河北、湖南、陕西、河南、四川、湖北、广西等地收费公路里程在7000～8400公里之间;贵州、云南、山西、江苏、江西、浙江、福建、安徽、黑龙江、吉林等地收费公路里程在5300～7000公里之间;甘肃、辽宁、青海、重庆等地收费公路里程在 3200～4800 公里之间；宁夏、天津、北京、上海等地收费公路里程在 2000 公里以下。具体详见图 3-6。

图 3-5　全国收费公路分区域结构变化情况

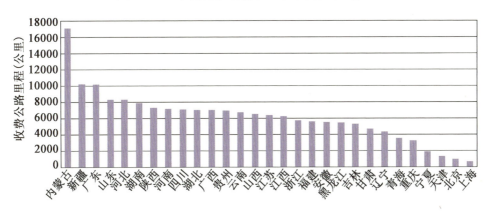

图 3-6　2020 年各省（区、市）收费公路里程

注：鉴于我国西藏没有收费公路、海南没有直接收取通行费收入的收费公路（以收取车辆通行附加费的方式），未将其纳入分析范围，下同。

与 2019 年末相比，仅内蒙古、新疆、四川、山西、江苏、安徽、青海、北京等收费公路里程有所减少，减幅在 0.02%～5.89% 之间，北京减少幅度最大，为 5.89%；辽宁、上海、黑龙江等收费公路里程基本没变;其他省收费公路里程均有所增加,增长幅度在 0.5% ~ 19.6%之间,其中云南增长幅度最大,为 19.6%。

(三)建设投资

1. 规模及资金来源结构

2020 年末,全国收费公路累计建设投资总额达到 108075.1 亿元,比 2019 年末净增 12979.03 亿元,增幅 13.6%。其中,累计资本金投入 34432.5 亿元,占比 31.9%,较 2019 年末上升 0.5 个百分点;累计债务性资金投入 73642.5 亿元,占比 68.1%,较 2019 年末下降 0.5 个百分点。其中,累计建设投资总额,指历年和当年收费公路建设投资额的合计。

2. 技术等级结构

2020 年末,全国收费公路累计建设投资总额达到 108075.1 亿元,其中,高速公路 100917.89 亿元,一级公路 4077.40 亿元,二级公路 425.84 亿元,独立桥梁及隧道 2653.93 亿元,占比分别为 93.4%、3.8%、0.4%和 2.5%,详见图 3-7。

与 2019 年末相比,收费公路累计建设投资中高速公路占比由 92.8%提高到 93.4%,提升了 0.59 个百分点;普通公路占比由 7.2%下降到 6.6%,下降了 0.6 个百分点。

3. 经营性质结构

2020 年末,全国政府还贷公路累计建设投资 45803.34 亿元,占全国收费公路累计建设投资的 42.4%;全国经营性公路累计建设投资 62271.73 亿元,占全国收费公路累计建设投资的 57.6%,详见图 3-8。

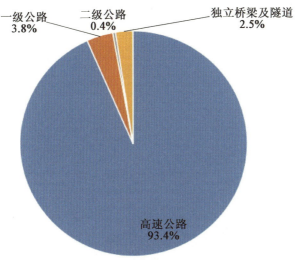

图 3-7　2020 年全国收费公路累计建设投资技术等级结构

数据来源:《2020 年全国收费公路统计公报》及解读。

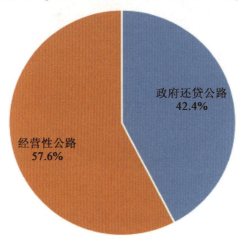

图 3-8　2020 年全国收费公路累计建设投资经营性质结构

与 2019 年末相比,政府还贷公路累计建设投资占收费公路累计建设投资的比例由 49% 下降到 42.4%;经营性公路累计建设投资占收费公路累计建设投资的比例由 51% 上升到 57.6%。分析原因,主要是随着国家财税体制、投融资体制改革的深入推进,政府只能通过发行地方政府债券的方式举债融资,债券发行受地方政府发债总额度限制;另外,还有个别政府还贷公路因收费权益转让,项目属性调整为经营性公路。

4.区域分布结构

2020年末,东部地区收费公路累计建设投资40910.69亿元,占全国收费公路累计建设投资的37.9%;中部地区收费公路累计建设投资26660.19亿元,占全国收费公路累计建设投资的24.7%;西部地区收费公路累计建设投资40504.19亿元,占全国收费公路累计建设投资的37.5%。详见图3-9。

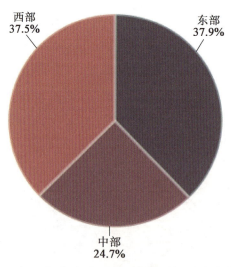

图3-9 全国收费公路累计建设投资区域分布结构

与2019年末相比,东部地区收费公路累计建设投资占全国收费公路累计建设投资的比例由35.9%上升到37.9%,上升了2个百分点。中部地区收费公路累计建设投资占全国收费公路累计建设投资的比例由26.3%下降到24.7%,下降了1.6个百分点。西部地区收费公路累计建设投资占全国收费公路累计建设投资的比例由37.8%下降到37.5%,下降了0.3个百分点。可见,东部地区收费公路建设投资速度高于中西部地区。

5.各省(区、市)分布情况

截至2020年底,广东省收费公路累计建设投资11187亿元,位列全国第一。贵州、云南、河北、湖南、浙江、陕西等收费公路累计建设投资在5000亿~7000亿元之间;山东、四川、福建、湖北、广西、内蒙古、河南、山西、江苏等收费公路累计建设投资在3500亿~5000亿元之间;江西、重庆、甘肃、安徽、吉林、新疆、北京、辽宁、青海、黑龙江、天津等收费公路累计建设投资在1400亿~3000亿元之间;宁夏、上海等收费公路累计建设投资在780亿~800亿元之间。2020年各省(区、市)收费公路累计建设投资情况详见图3-10。

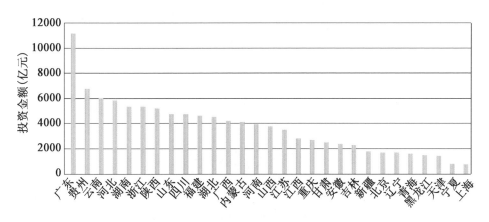

图3-10 2020年各省(区、市)收费公路累计建设投资(单位:亿元)

与2019年末相比,仅新疆、四川、黑龙江等省(区、市)收费公路累计建设投资所有减少,减幅分别为7.7%、0.3%、0.03%;其他省(区、市)收费公路累计建设投资均有所增加,其中增幅最高的为山东省,增幅为53.2%,增幅最小的为辽宁省,增幅为0.1%。

二、收入和支出分析

(一)收入分析

1. 全国情况

2020年,全国收费公路通行费总收入4868.16亿元,单公里通行费收入为271.60万元/公里。其中,高速公路通行费收入4566.24亿元,一级公路85.04亿元,二级公路22.03亿元,独立桥梁及隧道194.85亿元,占比分别为93.8%、1.7%、0.5%和4.0%,占比结构详见图3-11。

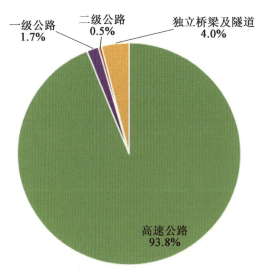

图3-11 2020年收费公路通行费收入公路技术等级结构

与2019年相比,全国收费公路通行费总收入比上年净减少1069.71亿元(其中,高速公路净减984.79亿元,一级公路净减

29.1亿元,二级公路净减19.14亿元,独立桥梁及隧道净减36.69亿元),下降18.0%,主要原因是为做好新冠肺炎疫情防控工作,两次延长春节假期小型客车免费通行政策,共免收通行费19.8亿元,2020年2月17日至5月5日期间又免收车辆通行费1593亿元。

2. 区域情况

2020年,东部地区收费公路通行费收入为2242.80亿元,中部地区为1367.19亿元,西部地区为1258.17亿元,占比分别为46.1%、28.1%、25.8%,占比结构见详图3-12。

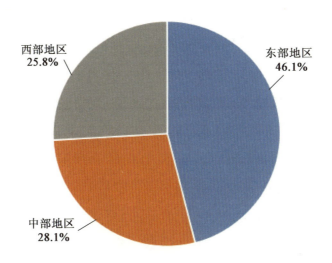

图3-12 2020年收费公路通行费收入区域分布结构情况

与2019年末相比,东部地区收费公路通行费占全国总收入的比例由45.7%上升到46.1%,收入绝对值由2714.15亿元减少到2242.8亿元,净减了471.35亿元,减幅17.4%。中部地区收费公路通行费占全国总收入的比例由28%上升到28.1%,收入绝对值由1665.38亿元减少到1367.19亿元,净减了298.19亿元,减幅

17.9%。西部地区收费公路通行费占全国总收入的比例由26.2%下降到25.8%,收入绝对值由1558.28亿元减少到1258.17亿元,净减了300.11亿元,减幅19.3%。

从单公里通行费收入情况看,2020年度,全国收费公路单公里通行费收入为271.60万元/公里,较2019年降低21.7%。从区域分布情况看,东部地区单公里通行费收入最高,为431.68万元/公里,较2019年降低23.1%;其次是中部地区,为266.81万元/公里,较2019年降低20.7%;西部地区最低,仅为165.45万元/公里,较2019年降低22.2%。

3. 各省(区、市)情况

2020年,广东收费公路通行费收入为568.27亿元,位列全国第一,超出江苏(全国第二)218.69亿元。江苏、浙江、河南、河北、山东、四川、湖北等收费公路通行费收入在200亿~350亿元之间。安徽、湖南、山西、陕西、江西、贵州、福建、广西、云南、内蒙古、辽宁、重庆等收费公路通行费收入在100亿~200亿元之间。新疆、天津、北京、上海、甘肃、吉林、黑龙江、宁夏、青海等通行费收入在100亿元以下,特别是青海、宁夏通行费收入仅为16.35亿元、21.73亿元。2020年各省(区、市)收费公路通行费收入情况,详见图3-13。

与2019年末相比,2020年各省(区、市)通行费收入均有所减少,北京、上海、贵州、湖南、内蒙古、青海通行费收入减幅在20%以上,其中北京减幅最高为32.7%;仅山东、吉林通行费收入减幅在10%以下,其中吉林减幅最低,为8.1%;其他省(区、市)减幅在10%~20%之间。

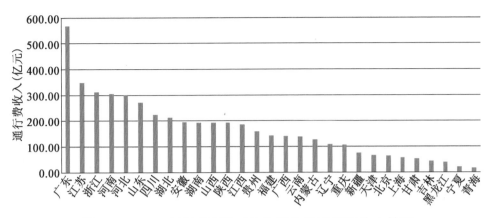

图 3-13 2020 年各省(区、市)收费公路通行费收入情况

从单公里通行费收入情况看,2020 年度,上海、北京单公里通行费收入位列全国前两位,分别为 833.91 万元/公里、648.77 万元/公里;广东、江苏、浙江、天津、河南等单公里通行费收入在 400 万~560 万元/公里;河北、安徽、重庆、山东、四川、湖北、江西、山西、陕西、辽宁、福建、湖南、贵州、云南、广西等单公里通行费收入在 200 万~400 万元/公里;宁夏、甘肃、吉林、内蒙古、新疆、黑龙江、青海等单公里通行费收入在 45 万~120 万元/公里,其中青海单公里通行费收入最低,仅为 45.77 万元/公里。2020 年各省(区、市)单公里通行费收入情况详见图 3-14。

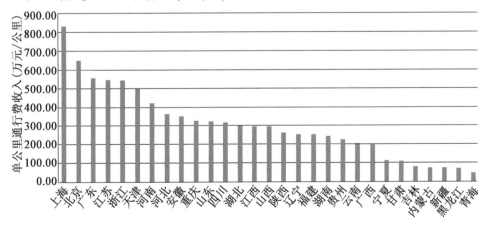

图 3-14 2020 年各省(区、市)收费公路单公里通行费收入情况

与2019年末相比,云南、广东、甘肃等单公里通行费收入降幅在30%以上;上海、北京、浙江、河南、河北、重庆、山东、湖北、陕西、福建、湖南、贵州、广西、吉林等单公里通行费收入降幅在20%~30%之间;宁夏、江苏、天津、安徽、四川、江西、山西、辽宁、内蒙古、新疆、黑龙江、青海等单公里通行费收入降幅在13%~20%之间。

(二)支出分析

1.全国情况

2020年,全国收费公路支出总额12346.38亿元,单公里支出为688.81万元/公里。其中,偿还债务本金7180.08亿元,偿还债务利息3061.26亿元,养护支出744.06亿元,公路及附属设施改扩建工程支出311.97亿元,运营管理支出755.45亿元,税费支出293.56亿元,占比分别为58.2%、24.8%、6.0%、2.5%、6.1%和2.4%,占比结构详见图3-15。可见,收费公路支出以偿还债务本金、债务利息为主。

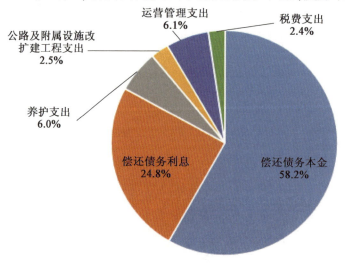

图3-15 2020年全国收费公路支出结构

2020年全国收费公路支出总额比2019年净增1558.75亿元,增幅14.4%,主要原因是随着债务规模持续扩大,还本付息支出不断增加。其中,偿还债务本金支出净增1587.5亿元,增幅28.4%;偿还利息支出净增244.37亿元,增幅8.7%;养护支出净减81.83亿元,减幅9.9%;公路及附属设施改扩建工程支出净减51.75亿元,减幅14.2%;运营管理支出净减2.67亿元,减幅0.4%;税费及其他支出净减136.75亿元,减幅31.8%。

需要特别指出的是,在高速公路里程明显增长的大背景下,养护、运营管理等支出不增反降,主要是得益于取消高速公路省界收费站、大力发展电子不停车收费和全面实施高速公路入口称重检测后,运营成本下降,路况保护水平提升,促进了降本增效。

2. 区域情况

2020年,全国收费公路支出总额12346.38亿元。其中,东部地区5646.81亿元,中部地区2992.73亿元,西部地区3706.83亿元,占比分别为45.7%、24.2%、30.0%,占比结构详见图3-16。

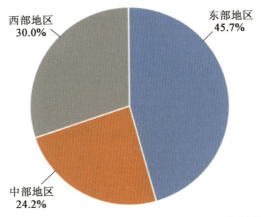

图3-16　2020年收费公路支出区域分布结构

东部地区、中部地区、西部地区收费公路支出结构详见表3-1,可以看出,各地区收费公路主要用于还本付息支出,其中东部地区偿还本金支出相对较多,偿还利息支出相对较少;而中西部地区偿还本金支出相对较少,偿还利息支出相对较多。

2020年我国东、中、西部地区收费公路支出结构   表3-1

地区	偿还债务本金支出	偿还债务利息支出	养护支出	公路及附属设施改扩建工程支出	运营管理支出	税费支出
东部	64.2%	17.2%	5.7%	4.0%	6.2%	2.8%
中部	53.6%	29.1%	7.2%	0.9%	6.5%	2.6%
西部	52.5%	32.9%	5.6%	1.7%	5.8%	1.6%

从单公里支出总额来看,东部地区单公里支出最高,为1086.87万元/公里,较2019年增长17.9%;中部地区次之,为584.04万元/公里,较2019年增长10.4%;西部地区最少,为487.45万元/公里,较2019年减少3.8%。

从单公里运营管理支出来看,东部地区最高,为66.88万元/公里,较2019年减少5.4%;中部地区次之,为37.98万元/公里,较2019年减少6.3%;西部地区最少,为28.06万元/公里,较2019年减少4.7%。

3.各省(区、市)情况

从各省(区、市)单公里支出总额情况看,2020年度,北京收费公路单公里总支出为2526.04万元/公里,位列全国第一,远高出其他省(区、市);河北、河南、江苏、广东、浙江、天津等收费公路单公里总支出在1000万~1400万元/公里;云南、重庆、上海、山东、福建、辽宁、甘肃、山西、四川、湖北、广西、陕西、新疆、贵州等收费公路单公里总支出在500万~1000万元/公里；江西、湖南、安徽、吉林、宁夏、青海、黑龙江、内蒙古等收费公路单公里总支出低于500万元/公里。2020年各省（区、市）收费公路单公里总支出情况，详见图3-17。

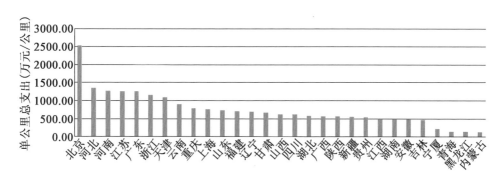

图3-17　2020年各省（区、市）收费公路单公里总支出情况

2020年，新疆收费公路单公里总支出为553.58万元/公里，较2019年增幅最高，为602%，主要原因是：2020年新疆25个政府还贷高速（一级）公路项目资产划转新疆交通投资（集团）有限责任公司进行运营管理。交投集团对该25个收费项目进行融资再安排，2020年度共偿还银行贷款本金496.5亿元，为偿还债务本金举借新债512.5亿元，由于偿还银行贷款计入收费项目支出，造成总支出增加较多，进而使得单公里总支出增幅较多。其次为广东，单公里总支出较2019年增长50.6%；广西、江苏、甘肃、重庆、河南、辽宁、河北等单公里总支出较2019年增长20%~32%；湖南、山西、浙江、四川、安徽、福建、江西、吉林、天津、宁夏等单公里总支出较2019年增长0.9%~15.7%；贵州、青海单公里总支出较2019年减少幅度最大，分别为68.7%、38.2%；北京、云南、湖北、上海、陕西、内蒙古、山东、黑龙江等单公里总支出较2019年减少幅度在0.1%~15%之间。

从单公里运营管理费支出情况看,2020年,北京收费公路单公里运营管理费支出235.86万元/公里,位列全国第一,远高出其他省(区、市);上海、天津、广东、江苏、河北、河南、山东、四川、浙江等收费公路运营管理费支出在50万~100万元/公里;陕西、山西、重庆、安徽、湖南、湖北、江西、云南、辽宁、福建等运营管理费支出在30万~50万元/公里;甘肃、广西、宁夏、贵州、黑龙江、青海、内蒙古、吉林、新疆等运营管理费支出在10万~30万元/公里。2020年各省(区、市)单公里运营管理支出情况详见图3-18。

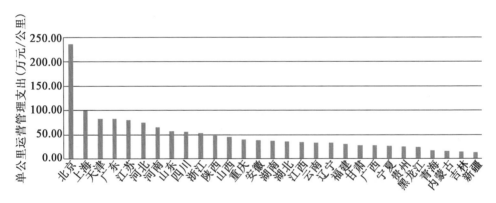

图3-18　2020年各省(区、市)单公里运营管理支出情况

2020年,仅新疆、内蒙古、安徽、山东、江苏等收费公路单公里运营管理支出较2019年有所增加,增幅在1%~18%之间;上海、宁夏、湖北、湖南、河南、河北、四川、辽宁、福建、甘肃、湖南、江西、黑龙江、浙江、贵州、天津、广西、北京等收费公路单公里运营管理支出较2019年有所减少,减幅在1%~10%之间;云南、青海、广东、山西、重庆、陕西、吉林等收费公路单公里运营管理支出较2019年减幅较大,在10%~20%之间。

(三)收支对比

1. 全国情况

2020年,全国收费公路收支缺口为7478.2亿元,较2019年净增加2628.42万元,增幅54.2%。其中,高速公路收支缺口7177.4亿元,一级公路收支缺口208.3亿元,二级公路收支缺口15.2亿元,独立桥梁及隧道收支缺口77.3亿元,详见图3-19。

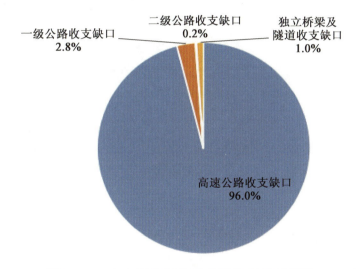

图3-19 2020年全国收费公路收支缺口结构

2020年,全国收费公路收支缺口较上年增加幅度较大,主要原因是受新冠肺炎疫情影响,2020年与往年车辆通行费随收费公路里程增加而稳步上升不同,其通行费收入比上年净减1069.7亿元;而2020全国收费公路支出总额比上年净增1558.7亿元;即受收入减少、支出增加两方面因素的影响,造成2020年度全国收费公路通行费收支缺口增加幅度较大。

2. 区域情况

2020年,全国收费公路收支缺口为7478.2亿元。其中,东部地区收支缺口3404.02亿元、占比45.5%,中部地区收支缺口1625.54亿元、占比21.7%,西部地区收支缺口2448.66亿元、占比32.7%,详见图3-20。

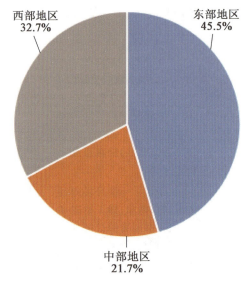

图3-20　全国东、中、西部地区收支缺口情况

与2019年相比,2020年东部地区通行费收支缺口增加1663.02亿元,增幅为95.5%;中部地区通行费收支缺口增加671.86亿元,增幅为70.4%;西部地区通行费收支缺口增加293.55亿元,增幅为13.6%。可见,东部地区收支缺口增长幅度最大。

3. 各省(区、市)情况

从2020年各省(区、市)收费公路通行费收支情况来看,除上海

(收支平衡结果为 4.62 亿元)外,各省(区、市)均存在收支缺口,河北、广东、河南收支缺口位列前三位,缺口分别为 825.97 亿元、720.41 亿元、608.62 亿元;新疆、云南、江苏、浙江、山东等收支缺口在 340 亿~500 亿元之间;甘肃、广西、福建、贵州、陕西、山西、四川、吉林、湖北、辽宁、北京、湖南、重庆、江西、内蒙古等收支缺口在 100 亿~270 亿元之间;天津、安徽、黑龙江、青海、宁夏等收支缺口低于 100 亿元。关于 2020 年各省(区、市)收费公路收支缺口情况,详见图 3-21。

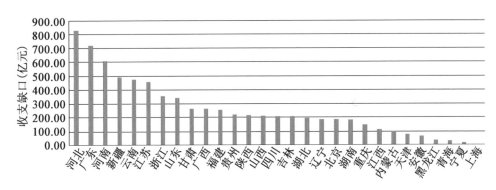

图 3-21　2020 年各省(区、市)收费公路收支缺口情况

2020 年新疆、广东收费公路收支缺口较 2019 年增加幅度位居全国前两位,分别为 4486.8%、2436.6%;安徽、重庆、广西、湖南、江苏、河南、浙江等收费公路收支缺口较 2019 年增加幅度在 100%~200%之间;江西、山西、甘肃、四川、辽宁、河北、宁夏等收费公路收支缺口较 2019 年增加幅度在 50%~100%之间;天津、陕西、福建、黑龙江、山东、吉林、云南、内蒙古、湖北等收费公路收支缺口较 2019 年增加幅度在 2%~40%之间;仅北京、青海、贵州等收费公路收支缺口较 2019 年有所减少。

三、债务余额

(一)全国情况

受高速公路里程增加和建设投资总额扩大的影响,以及部分项目为养护管理、偿还利息举借新债等因素,收费公路债务余额持续上升。2020年末,全国收费公路债务余额70661.22亿元,比2019年末净增9125.9亿元,增长14.8%;高速公路、一级公路、二级公路和独立桥梁及隧道占收费公路债务余额的比例分别为94.8%、3.2%、0.2%和1.8%,可见,收费公路债务以高速公路债务为主体,详见图3-22。

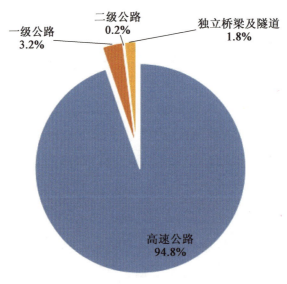

图3-22 2020年全国收费公路债务结构

从全国收费公路整体还本付息能力来看,2020年通行费收入4868.16亿元,能够覆盖债务利息(3061.26亿元)偿还支出需要;但无法覆盖偿还债务本金支出需求,缺口为 5373.18 亿元,与 2019 年相比,支出缺口增加 2901.51 亿元,增幅 117.4%。

(二)经营性质情况

2020 年末,全国收费公路债务余额 70661.22 亿元,其中政府还贷公路债务余额 32991.64 亿元,占比 46.7%;经营性公路债务余额 37669.58 亿元,占比 53.3%。相比 2019 年末,2020 年末政府还贷公路债务余额净减少 156.1 亿元,减幅 0.5%;经营性公路债务余额净增加 9282 亿元,增幅 32.7%。主要原因是部分政府还贷高速公路因收费权益转让,变为了经营性高速公路,导致政府还贷高速公路债务余额有所减少。

从各性质收费公路整体还本付息能力来看,2020 年政府还贷公路通行费收入 1725.4 亿元,能够覆盖债务利息(1454.44 亿元)偿还支出需要;但无法覆盖偿还债务本金支出需求,缺口为 2352.28 亿元,相比 2019 年净增加 664.78 亿元,增幅 39.4%。2020 年经营性公路通行费收入 3142.76 亿元,能够覆盖债务利息(1606.82 亿元)偿还支出需要;但无法覆盖偿还债务本息支出需求,缺口为 3020.90 亿元,相比 2019 年净增加 2236.73 亿元,增幅 285.2%。

(三)区域情况

2020 年末,全国收费公路债务余额 70661.2 亿元,其中东部地区债务余额 23095.14 亿元,占比 32.7%;中部地区债务余额 19798.87 亿元,占比 28.0%;西部地区债务余额 27767.21 亿元,占比 39.3%,详见图 3-23。可见,西部地区收费公路债务余额高于东部地区高于中部地区。

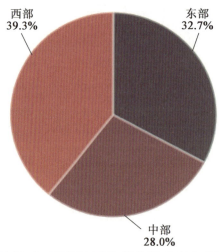

图 3-23　我国东、中、西部地区收费公路债务余额区域分布结构

从各地区收费公路整体还本付息能力来看,2020 年东部地区通行费收入 2242.8 亿元,能够覆盖债务利息(969.22 亿元)偿还支出需要,但无法覆盖偿还债务本金支出需求,缺口为 2354.06 亿元,相比 2019 年净增加 1825.86 亿元,增幅 345.7%。2020 年中部地区通行费收入 1367.19 亿元,能够覆盖债务利息(871.87 亿元)偿还支出需要,但无法覆盖偿还债务本金支出需求,缺口为 1109.67 亿元,相比 2019 年净增加 732.49 亿元,增幅 194.2%。2020 年西部地区通行费收入 1258.17 亿元,能够覆盖债务利息(1220.17 亿元)偿还支出需要,但无法覆盖偿还债务本金支出需求,缺口为 1909.45 亿元,相比 2019 年净增加 343.11 亿元,增幅 21.9%。可见,相比 2019 年,2020 年受新冠肺炎疫情及通行费减免政策等因素影响,各地区还本付息能力均进一步减弱。

(四)各省(区、市)情况

从各省(区、市)债务余额情况看,2020 年,广东债务余额最多,为 5804.14 亿元,位列全国第一;云南、河北、贵州、湖南、陕西、山西、湖北、河南、福建、四川、广西等债务余额在 3000 亿 ~ 4600 亿元之间;山东、内蒙古、浙江、甘肃、吉林、江西、重庆、江苏、辽宁、黑龙江、青海等债务余额在 1000 亿 ~ 3000 亿元之间;安徽、北京、天津、新疆、宁夏、上海等债务余额在 1000 亿元以下,其中,上海债务余额最少,仅为 194.42 亿元。2020 年末与 2019 年末各省(区、市)债务余额对比见图 3-24。

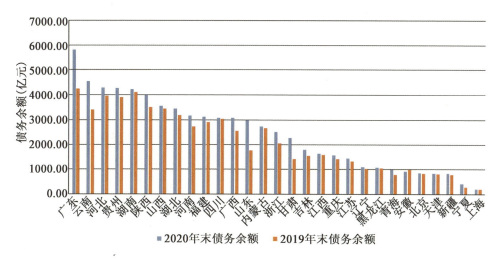

图 3-24 我国各省(区、市)收费公路债务余额对比情况

从各省还本付息能力来看,2020 年,吉林、黑龙江、贵州、云南、甘肃、青海等通行费收入不足以覆盖债务利息偿还,其他省(区、市)均可覆盖债务利息偿还;而 2019 年,仅吉林、甘肃、青海等通行费收入不足以覆盖债务利息偿还。2020 年,仅上海通行费收入可以覆盖债务本息偿还,其他省(区、市)均无法覆盖债务本息偿还;而 2019 年,上海、江苏、广东、安徽、江西、宁夏、新疆等通行费收入可以覆盖债务本息偿还。可见,2020 年受新冠肺炎疫情及通行费减免政策等因素影响,各省(区、市)收费公路还本付息能力不足情况进一步加剧。

四、收费公路发展面临的困难和问题

(一)债务风险不断累积

随着收费公路的快速发展,建设、偿债及养护管理成本不断增长,但收费标准基本延续二十世纪九十年代水平,导致收入与成本倒挂,收支缺口呈逐年扩大趋势,累积债务余额也逐年扩大。根据《2020年全国收费公路统计公报》,2020年末,全国收费公路债务余额70661.2亿元,比2019年末增加9125.9亿元,增长14.8%。2020年度,全国收费公路通行费收入4868.2亿元,支出12346.4亿元;收支缺口7478.2亿元,比2019年增加2628.4亿元,增长54.2%。

据国家发改委对我国部分省份高速公路项目成本调查,不论是经营性公路还是政府还贷公路,总体上早期投入运营的路段效益较好,近年投入运营的路段多数亏损。一些地方不同程度地存在"借新还旧"和"债务逾期"现象。我国收费公路偿债压力与公路建设资金缺口相互叠加,债务的阶段性、局部性风险问题不容忽视,需要采取有效措施妥善化解。

(二)政府还贷公路存量债务化解不规范

在中央要求地方各级政府妥善化解隐性债务的大背景下,一些地方报省级政府批准后,将政府还贷公路资产与债务整体划转给交通企业(即将政府隐性债务转变为企业债务),然后由国开行牵头成立贷款银团重新签订贷款合同,拉长还款期限,并相应延长收费年限。如果延长收费年限后,未来现金流还不能覆盖债务本息偿还,存在缺口,则由省财政通过向交通企业注入资金或资产资源等方式,实现债务与未来收益的平衡。这种债务化解方式存在以下不规范之处:一是以市场化融资再安排模式实施债务重组,通常是将实施债务重组的全部债务的偿还期限从债务重组之日起统一延长不少于20年,整体突破了现有条例规定的收费期限。二是从整体上看,债务划转和债务重组并未有效消解债务总量、化解政府隐性债务风险,只是将财政风险转化为金融风险,同时提高了交通企业的负债率。三是无偿将收费公路资产划转给交通企业的做法与现行《收费公路权益转让办法》中"不得将政府还贷公路权益无偿划转给企业法人;转让政府还贷公路收费权益和有财政性资金投入的经营性公路收费权益,应当采用公开招标的方式,公平、公正、公开选择受让方"的规定不一致。

(三)新建公路项目财务效益偏低,难以吸引社会资本

按照国务院批准的《国家公路网规划(2013—2030)》要求,未来5~10年,我国公路仍将处于集中建设、加快成网的关键时期,建设发展任务仍艰巨繁重。分区域看,中西部地区优先打通未贯通路段,确保高速公路贯通成网;东部地区注重提升既有通道通行能力,积极推进拥挤通道扩容改造。从已建成收费公路来看,各级财政资金投入十分有限,坚持收费公路政策,吸引社会资本投资,仍是公路建设筹融资的主渠道。但随着新建公路向中西部地区和山岭重丘地区延伸,施工难度逐渐加大,建设成本提高,项目投资大、回收期长、财务效益偏低,融资难度加大。不少收费公路项目按现行收费标准和收费期限测算难以获得投资回报,导致社会资本投资意愿不强,部分已纳入PPP项目库的建设项目难以落地。

(四)高速公路到期停止收费后难以满足养护资金需要

高速公路作为重要基础设施,其建管养运均需要持续、大量的资金投入。经过30多年的快速发展,我国高速公路网已基本成型并不断完善,早期修建的高速公路将陆续进入收费到期的阶段,未来养护任务越来越重,保障养护、运营资金成为必须解决的现实问题。目前,收费高速公路养护管理资金来源于通行费收入,平均路况良好率为99.6%;非收费普通公路养护管理资金来源于燃油税资金,由于资金存在明显缺口,约有40%的普通公路路况处于中差水平。在燃油税难以满足普通公路养护资金需求的情况下,根本无力保障高速公路的养护管理需求。按照现行《收费公路管理条例》要求,高速公路到期停止收费,并陷入"无钱养护"的困境,这会使路况水平下降,减损人民群众获得感。在公共财政难以保障情况下,迫切需要建立保障高速公路可持续发展的长效机制。

(五)"统贷统还"政策优势难以充分发挥

根据《收费公路管理条例》第十一条:"建设和管理政府还贷公路,应当按照政事分开的原则,依法设立专门的不以营利为目的的法人组织。省、自治区、直辖市人民政府交通主管部门对本行政区域内的政府还贷公路,可以实行统一管理、统一贷款、统一还款。"现行"统贷统还"政策将统贷统还的主体界定为省级交通主管部门,为进一步强化政府发展交通的主体责任,有必要将"统借统还"的主体界定为省级政府。根据《收费公路管理条例》第三十七条:"收费公路的收费期限届满,必须终止收费。"对于一些效益较好的收费路段,到期后停止收费,无法充分发挥效益好与效益差的收费公路项目的统借统还。此外,现行"统贷统还"政策范围有限,仅是本行政区域内的政府还贷公路,对于经营期届满由政府收回的高速公路未纳入"统贷统还"范围。因此,在现行政策下,"统贷统还"政策优势难以充分发挥。

(六)收费公路政策调整推进缓慢

2004年,国务院制定的《收费公路管理条例》(以下简称《条例》),对于规范和促进收费公路发展起到了重要作用。但现行《条例》的制度设计已不适应全面深化改革、支撑交通强国建设、保障公路可持续发展的需要,亟须进行全面修订。早在2015年,交通运输部就曾组织开展《条例》全面修订工作,并形成送审稿报送国务院。为贯彻落实党中央、国务院关于"深化收费公路制度改革,降低过路过桥费用"的部署要求,2018年12月,交通运输部结合国家财税体制、投融资体制等改革有关要求和收费公路发展的需求,在2015年工作基础上,形成了新的《收费公路管理条例(修订草案)》征求意见稿,向全社会公开征求意见,但截至目前《收费公路管理条例(修订草案)》仍未正式出台,收费公路政策调整推进缓慢,在一定程度上影响了收费公路的发展进程。

(七)土地审批、生态环境保护政策持续收紧

近年来,土地审批、生态环保等政策收紧,交通基础设施建设前期工作推进较为缓慢,面临土地占补平衡指标难以落实、用林用地审批慢、生态环保要求等困难,导致部分收费公路项目无法按时开工或被迫停建缓建。相关企业应充分了解收费公路行业的相关环

保政策,做好投资收费公路行业的相关准备工作。

五、收费公路发展趋势

(一)建立收费公路发展刚性控制机制

根据交通运输部2018年对外发布的《收费公路管理条例(修订草案)》,将提高收费公路设置门槛,建立收费公路发展刚性控制机制:一是明确新建的收费公路只能是高速公路,停止新建收费的一、二级公路和独立桥梁、隧道。二是严格控制收费公路规模,要求各省级人民政府应当科学合理确定收费公路的建设规模,向社会公开相关信息,充分听取意见建议,并向国务院交通运输主管部门备案。公路项目的审批或核准部门按照收费公路规模进行立项审批或核准。从全国整体来看,收费公路的总里程占公路总里程的3%左右。三是明确车辆通行费收入无法满足债务利息和养护管理支出需求的省(区、市)不得新建收费公路,防止盲目投资建设,实现收费公路良性发展。

(二)收费期限设置客观考虑项目债务偿还需求

针对社会公众对长期收费的热切关注,预计未来将进一步健全完善收费标准动态调整机制,强化政府监管和社会监督,建立低费率、长期限的收费公路价格形成机制。明确政府收费高速公路项目偿债期限应当按照覆盖债务还本付息需求的原则合理设置,防范政府收费高速公路债务风险。明确经营性公路项目经营期限按照收回投资并有合理回报的原则确定,一般不得超过30年,对于投资规模大、回报周期长的收费公路,可以超过 30 年,有效吸引社会资本投资收费公路建设。

(三)建立差异化收费、收费标准动态评估调整机制

未来将债务规模、利率水平、投资规模、合理回报、养护运营管理成本、物价水平、偿债期限、经营期限、交通流量等作为政府收费公路和经营性公路收费标准的确定因素。进入养护期的高速公路,将根据实际养护管理成本、当地物价水平以及交通流量等因素重新核定收费标准。此外,收费公路可以实行差异化收费,各省(区、市)应建立收费标准动态评估调整机制。

第四章　地方政府专项债券在交通运输领域发行使用情况

近年来,各地积极争取地方政府专项债券支持,专项债券已成为推动交通基础设施建设的重要资金来源渠道。本章在总结2021年全国地方政府专项债券发行使用情况的基础上,从发行规模、支持项目、用作项目资本金等方面,重点分析公路水路交通运输领域发行使用收费公路专项债券和其他品种专项债券的情况及特点,研究提出现阶段应当关注的几个重点问题。

一、全国专项债券发行使用情况

2021年,全国新增地方政府专项债券额度3.65万亿元,其中用于项目建设的新增专项债券额度3.5万亿元。从资金投向看,2021年地方政府专项债券的发行方向有所侧重,全部用于党中央、国务院确定的重点领域。其中,约50%投向交通基础设施、市政和产业园区基础设施领域,约30%投向保障性安居工程以及卫生健康、教育、养老、文化旅游等社会事业,约20%投向农林、水利、能源、城乡冷链物流等,对带动扩大有效投资、保持经济平稳运行发挥了重要作用。同时,各地已安排超过1700亿元专项债券资金用作重大项目资本金,有效发挥了政府投资"四两拨千斤"的撬动作用,更好地发挥了专项债券拉动有效投资、稳定经济增长的积极作用。

二、收费公路专项债券发行使用情况

(一)发行情况

2021年,全国共有23个地方政府发行收费公路专项债券,规模合计1387.3119亿元,相比2020年增长10.4%,约占全国新增项目建设地方政府专项债券发行规模的4.0%。

1. 主体分布

云南收费公路专项债券发行规模超过200亿元,约占全国收费公路专项债券发行总规模的18.7%,位居全国之首;发行规模在100亿~200亿元的有甘肃、广西、浙江3个省级主体,其中甘肃发行规模最大,达163.4071亿元,约占全国收费公路专项债券发行总规模的11.8%,位居全国第二;发行规模在50亿~100亿元的有内蒙古、江西、广东等8个省级主体,其中内蒙古发行规模最大,达91.7亿元,约占全国收费公路专项债券发行总规模的6.6%,位居全国第五;发行规模在10亿~50亿元的有宁波(计划单列市),以及新疆、江苏等8个省级主体,其中宁波市发行规模最大,达32.75亿元,约占全国收费公路专项债券发行总规模的2.4%,位居全国第13位;发行规模不足10亿元的有贵州,以及厦门(计划单列市),其中贵州省发行规模最大,达9.853亿元,约占全国收费公路专项债券发行总规模的0.7%,位居全国第22位。2021年我国政府收费公路专项债券发行主体规模占比和各地政府收费公路专项债券发行主体规模情况详见表4-1和图4-1。

2021 年我国政府收费公路专项债券发行主体规模占比　表 4-1

序号	发 行 规 模	发行主体（按发行规模从大到小排列）	占全国发行总规模的比重
1	200 亿元以上	云南	18.7%
2	100 亿~200 亿元	甘肃、广西、浙江	7.3%~11.8%
3	50 亿~100 亿元	内蒙古、江西、广东、福建、山西、安徽、河北、四川	3.7%~6.6%
4	10 亿~50 亿元	宁波（计划单列市），以及新疆、江苏、湖北、海南、吉林、辽宁、青海、黑龙江	0.9%~2.4%
5	10 亿元以下	贵州、厦门（计划单列市）	0.5%~0.7%

资料来源：根据中国债券信息地方政府债券发行结果等相关披露信息整理，下同。

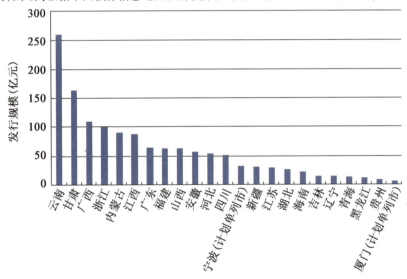

图 4-1　2021 年各地政府收费公路专项债券发行规模情况

2. 地区分布

西部地区收费公路专项债券发行规模最大，涉及 8 个省级主体，合计金额 732.1101 亿元，占全国发行总量的 52.8%。东部地区发行规模次之，涉及 7 个省级主体和 2 个计划单列市，合计金额 391.4432 亿元，占全国发行总量的 28%。中部地区发行规模较小，涉及 6 个

第四章 地方政府专项债券在交通运输领域发行使用情况

省级主体,合计金额263.7586亿元,占全国发行总量的19.0%。2021年我国东、中、西部地区地方政府收费公路专项债券发行规模见表4-2,地区分布情况见图4-2。

2021年我国东、中、西部地区地方政府收费公路专项债券发行规模　　表4-2

区域	东部地区	中部地区	西部地区	合计
发行主体数量(个)	9	6	8	23
发行规模(亿元)	391.4432	263.7586	732.1101	1387.3119
发行规模占比	28.2%	19.0%	52.8%	100.00%

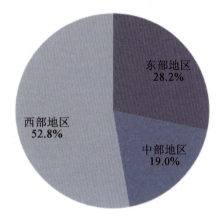

图4-2　2021年我国地方政府收费公路专项债券发行规模地区分布

3. 月度分布

2021年前3个月,虽然中央在2020年底前已提前下达了部分地方政府专项债券额度,但全国没有收费公路专项债券发行情况。4月以来,收费公路专项债券发行规模呈现出二季度快速增长、三季度基本稳定、四季度放量增长后急速下降收尾的特点。

4月下旬,收费公路专项债券开启发行模式,但仅发行3只收费公路专项债券,发行规模约50亿元,约占全年发行总规模的3.6%;

5、6月发行规模迅猛增长,分别达153.3971亿元、212.4722亿元,约占全年发行总规模的11.1%、15.3%;7月发行规模出现大幅下降,仅113.9亿元,约占全年发行总规模的8.2%;8、9月发行规模保持相对稳定,分别为141.9164亿元、135.7657亿元,约占全年发行总规模的10.2%、9.8%;10、11月发行规模集中放量,不断突破新高,分别为248.5933亿元、267.7187亿元,约占全年发行总规模的17.9%、19.3%;12月发行工作逐步进入尾声,仅发行2只收费公路专项债券,发行规模约60亿元,约占全年发行总规模的4.5%。

2021年我国地方政府收费公路专项债券月度发行规模见图4-3,月度发行规模结构见图4-4。

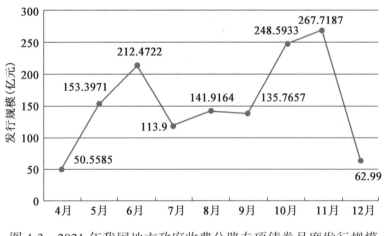

图4-3 2021年我国地方政府收费公路专项债券月度发行规模

4.期限分布

2021年,全国23家地方政府累计发行73只收费公路专项债券,平均发行期限15.97年,包括5年、7年、10年、15年、20年和30年6个期限品种,规模占比分别为0.5%、2.7%、19.9%、27.2%、

21.1%和28.6%；只数占比分别为4.1%、4.1%、24.7%、32.9%、21.9%和12.3%。可以看出，收费公路专项债券10年及以上期限品种成为地方政府发行重点，合计占比接近97%。其中，10年和15年期收费公路专项债券发行规模占比有所减少，20年期发行规模占比保持稳定，30年期发行规模占比明显提高，增长约16.3个百分点，收费公路专项债券发行呈现出显著的长期限趋势。

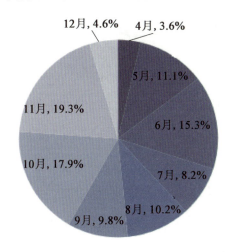

图4-4　2021年我国地方政府收费公路专项债券月度发行规模结构

2021年我国地方政府收费公路专项债券发行期限及对应规模见表4-3，发行规模期限分布结构情况见图4-5。

2021年我国地方政府收费公路专项债券发行期限及对应规模　　表4-3

项　　目	5年	7年	10年	15年	20年	30年
发行规模（亿元）	6.8	37.5	276.4839	376.6814	292.8	397.047
规模占比	0.5%	2.7%	19.9%	27.2%	21.1%	28.6%
发行数量（只）	3	3	18	24	16	9
数量占比	4.1%	4.1%	24.7%	32.9%	21.9%	12.3%

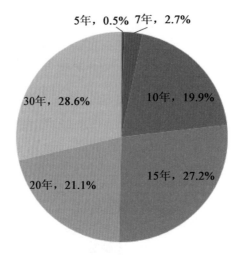

图 4-5　2021 年我国地方政府收费公路专项债券发行规模期限分布结构

5. 利率水平

2021 年全国收费公路专项债券平均发行利率 3.49%，相比 2020 年平均发行利率高 0.07 个百分点，比全年地方政府一般债券、专项债券平均发行利率分别高约 0.44 个百分点和 0.16 个百分点，全年发行利率呈现出稳步下降趋势，具有上半年平均发行利率高、下半年平均发行利率低的特点。2021 年我国地方政府收费公路专项债券利率分布情况详见图 4-6。

6. 付息方式

目前，我国收费公路专项债券付息方式包括半年付息一次、一年付息一次两种情形。2021 年收费公路专项债券付息方式以半年付息一次为主，68 只债券采用此种付息方式，发行规模共计 1315.5119 亿元，分别占发行总数量、发行总规模的 93.2%、94.8%。全年仅 5 只债券采用一年付息一次方式，发行规模共计 7.8 亿元，分别占发行总数量、发行总规模的 6.8%、5.2%。2021 年我国地方政府收费公路专项债券付息频率及发行规模见表 4-4,付息频率规模分布见图 4-7。

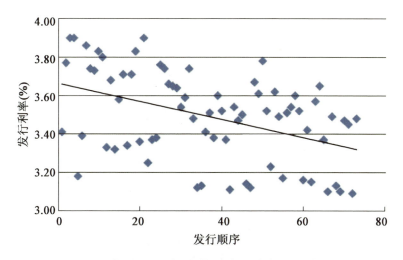

图 4-6　2021 年我国地方政府收费公路专项债券利率分布

2021 年我国地方政府收费公路专项债券付息频率及发行规模　　表 4-4

付息频率	半年/次	一年/次
发行规模(亿元)	1315.5119	71.8
规模占比	94.8%	5.2%
发行数量(只)	68	5
数量占比	93.2%	6.8%

(二)使用情况

1. 支持项目情况

根据中国债券信息网发布的信息进行梳理,2021 年全国约 230 个政府收费公路项目使用了收费公路专项债券,项目总投资合计接近1.5万亿元,收费公路专项债券资金占比约为9.4%。从政府收费公路项目计划融资安排情况看,拟通过发行收费公路专项债券筹集资金规模占项目总投资的比重最小1.8%,最大100%,平均占比超过45%。

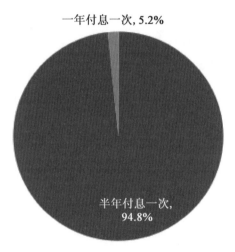

图4-7 2021年我国地方政府收费公路专项债券付息频率规模分布

(1)项目数量主体分布

利用收费公路专项债券支持政府收费公路项目达20~30个的有内蒙古、广西、云南。其中,内蒙古支持项目数量最多,达29个,约占全国收费公路专项债券支持项目总量的12.7%,位居全国首位。支持项目数量10~20个的有四川、福建、甘肃等5个省级主体,其中四川支持项目数量最多,达19个,约占全国收费公路专项债券支持项目总量的8.3%,位居全国第四;支持项目数量5~10个的有新疆、江西、浙江等6个省级主体,其中新疆支持项目数量最多,达9个,约占全国收费公路专项债券支持项目总量的3.9%,位居全国第八。支持项目数量不足5个的有湖北、青海、河北等7个省级主体和2个计划单列市,其中湖北、青海支持项目数量最多,各6个,约占全国收费公路专项债券支持项目总量的1.8%,并列位居全国第十二。2021年我

第四章 地方政府专项债券在交通运输领域发行使用情况

国各地收费公路专项债券支持项目数量具体详见表4-5和图4-8。

2021年我国各地收费公路专项债券支持项目数量　　表4-5

序号	支持项目数量	发行主体 (按支持项目数量从多到少排列)	占全国支持项目总数的比重
1	20~30个	内蒙古、广西、云南	11.0%~12.7%
2	10~20个	四川、福建、甘肃、广东、安徽	5.7%~8.3%
3	5~10个	新疆、江西、浙江、山西、江苏、海南	2.6%~3.9%
4	5个以下	湖北、青海、河北、辽宁、黑龙江、贵州、宁波(计划单列市)、吉林、厦门(计划单列市)	0.4%~1.8%

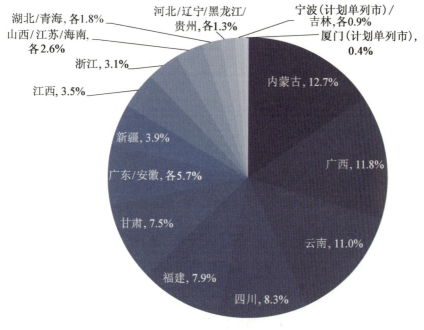

图4-8　全国收费公路专项债券支持项目分布

(2)专项债券支持力度

宁波、山西利用收费公路专项债券支持政府收费公路发展的力度最大,专项债券在项目总投资中占比超过20%,其中宁波收费公路专项债券支持力度最大,占比达29.8%。专项债券占比10%~20%的有新疆、河北等9个省级主体及厦门1个计划单列市,其中新疆收费公路专项债券支持力度最大,占比达18.9%。专项债券占比5%~10%的有云南、贵州、四川等8个省级主体,其中云南收费公路专项债券支持力度最大,占比达9.8%。专项债券占比不足5%的有辽宁、广西、青海3个省级主体,其中辽宁收费公路专项债券支持力度最大,占比达4.0%。2021年我国各地收费公路专项债券支持力度见表4-6,收费公路专项债券占项目总投资的比重见图4-9。

各地收费公路专项债券支持力度 表4-6

序号	专项债券在项目总投资中的占比	发行主体（按支持力度从大到小排列）
1	超过20%	宁波(计划单列市)、山西
2	10%~20%	新疆、厦门(计划单列市)、河北、甘肃、安徽、浙江、内蒙古、吉林、湖北、福建
3	5%~10%	云南、贵州、四川、广东、江苏、江西、黑龙江、海南
4	5%以下	辽宁、广西、青海

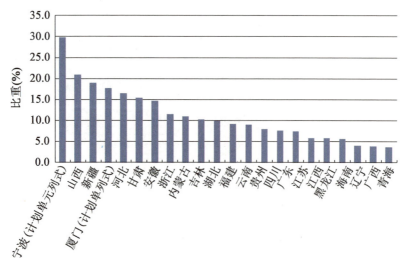

图4-9 各地收费公路专项债券占项目总投资的比重

2. 收费公路专项债券用作项目资本金情况

2021年,全国不少省份继续在收费公路专项债券作为符合条件的政府收费公路项目资本金方面进行积极探索实践,全年约有470亿元收费公路专项债券资金用于项目资本金,约为2020年的3.8倍,分别占收费公路专项债券总规模、项目投资总额的34.7%和3.3%,在当前国家要求公路项目资本金率最低可为15%的政策条件下,收费公路专项债券为地方政府筹集政府收费公路项目资本金发挥了重要作用。

从专项债券用作项目资本金规模看,云南规模最大,金额超过200亿元,占全国用作项目资本金收费公路专项债券总量的42.4%;广西次之,金额接近110亿元,占全国用作项目资本金收费公路专项债券总量的22.3%;专项债券规模在10亿~100亿元的有江西、福建、广东等5个省(区、市),其中江西规模最大,金额接近40亿元,占全国用作项目资本金收费公路专项债券总量的7.9%;专项债券规模在10亿元及以下的有辽宁、贵州、新疆等7个省(区、市),其中辽宁规模最大,金额为10亿元,占全国用作项目资本金收费公路专项债券总量的2.1%。具体详见图4-10。

从专项债券用作资本金项目数量看,广西最多,涉及项目27个,占全国收费公路专项债券用作资本金项目总量的32.9%;云南次之,涉及项目23个,约占全国收费公路专项债券用作资本金项目总量的28.0%;福建、广东、四川等12个省(区、市)用作资本金项目不足10个,其中福建、广东涉及项目均为7个,分别占全国收费公路专项债券用作资本金项目总量的8.5%。具体详见图4-11。

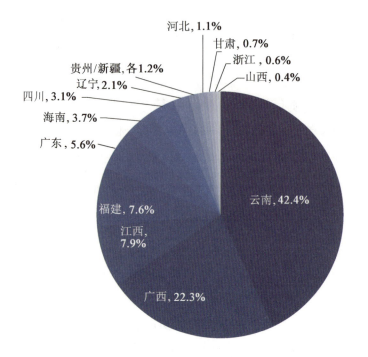

图 4-10　全国收费公路专项债券用作项目资本金规模分布

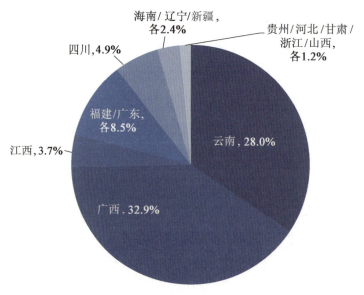

图 4-11　全国收费公路专项债券用作资本金项目分布

三、其他专项债券发行使用情况

2021年,地方政府在积极用好收费公路专项债券这一品种的同时,通过发行交通基础设施专项债券、城乡发展专项债券、交通水利及市政产业园区发展专项债券、水运建设专项债券等品种,为公路、水路等交通基础设施建设发展筹集了更多资金。下面以陕西、广东、河南、山东等为例,说明地方政府通过发行其他品种专项债券支持交通基础设施建设发展的情况。

(一)陕西省专项债券

1. 交通基础设施专项债券

陕西省2021年共发行4只交通基础设施专项债券(未发行收费公路专项债券),金额合计约48.61亿元,支持政府收费公路、轨道交通、机场和高铁客运枢纽等交通基础设施项目12个,其中2.3亿元用于支持两个一级收费公路项目;25亿元用于支持一个轨道交通建设项目;15亿元用于支持一个机场扩建工程。两个一级收费公路项目中,一是310国道华阴至渭南一级公路改扩建项目,总投资15.21亿元,累计发行使用交通基础设施专项债券2.7亿元、收费公路专项债券2.5亿元,合计规模占项目总投资的34.2%,其中2021年发行使用交通基础设施专项债券0.8亿元,占项目总投资的5.3%;二是铜川新区青岗岭至惠塬公路工程,总投资5.67亿元,累计发行使用交通基础设施等专项债券1.5亿元、收费公路专项债券2亿元,合计规模占项目总投资的61.7%,其中2021年发行使用交通基础设施专项债券 1.5 亿元,占项目总投资的 26.4%。具体情况详见表 4-7。

陕西省交通基础设施专项债券公路项目融资情况(单位:亿元)   表 4-7

项目名称	项目总投资	专项债券合计	专项债券占比	2019 年 收费公路专项债券	2020 年 交通基础设施专项债券	2021 年
310 国道华阴至渭南一级公路改扩建项目	15.21	5.2	34.2%	2.5	1.9	0.8
铜川新区青岗岭至惠塬公路工程	5.67	3.5	61.7%	2		1.5

2. 专项债券

据陕西省交通运输厅发布的信息,2021 年 10 月 25 日陕西省发行第四十期地方政府专项债券,金额 66.59 亿元,支持项目 54 个,其中 19.6 亿元用于支持太白至凤县(陕甘界)公路、安康至岚皋高速公路 2 个项目建设。

太白至凤县(陕甘界)公路项目总投资 86.8 亿元,累计发行使用收费公路专项债券 42.5 亿元、交通基础设施专项债券 15.5 亿元、专项债券 7.1 亿元,合计规模占项目总投资的 75%,其中 2021 年发行使用专项债券 7.1 亿元,占项目总投资的 8.2%。

安康至岚皋高速公路项目总投资 141.7 亿元,累计发行使用收费公路专项债券 46 亿元、交通基础设施专项债券 19 亿元、专项债券 12.5 亿元,与 2022 年拟发行专项债券合计占项目总投资的 70.2%,其中 2021 年发行使用专项债券 12.5 亿元,占项目总投资的 8.8%。2021 年陕西省专项债券公路项目融资情况详见表 4-8。

第四章 地方政府专项债券在交通运输领域发行使用情况

陕西省专项债券公路项目融资情况（单位：亿元） 表 4-8

项目名称	项目总投资	专项债券合计	专项债券占比	2018年	2019年	2020年	2021年	2022年计划
				收费公路专项债券		交通基础设施专项债券	专项债券	
太白至凤县(陕甘界)公路项目	86.8	65.1	75%	16	26.5	15.5	7.1	
安康至岚皋高速项目	141.7	99.5	70.2%	10	36	19	12.5	22

（二）广东交通基础设施专项债券

广东省 2021 年共发行 10 只交通基础设施专项债券，金额合计约 261.81 亿元，支持公路（包括收费公路、桥梁、旅游公路）、水路、轨道交通、铁路、停车场和机场等各类交通基础设施项目约 80 个，其中 25.2 亿元用于支持 13 个公路项目，占交通基础设施专项债券规模的 9.6%；3.9 亿元用于支持 4 个水路项目，占交通基础设施专项债券规模的 1.5%。专项债券支持公路水路项目情况详见表 4-9。

2021 年广东交通基础设施专项债券支持公路水路项目情况 表 4-9

项目名称	项目总投资（亿元）	发行使用专项债券规模（亿元）		
		合计	占比	2021年
公路基础设施项目(13个)	432.4	102.6	23.7%	25.2
水路基础设施项目(4个)	21.1	16	66.4%	3.9

1. 公路基础设施项目

广东交通基础设施专项债券支持的 13 个公路建设项目总投资

共计432.4亿元,计划通过发行专项债券融资102.6亿元,债券资金占项目总投资的比重为23.7%,截至目前,累计发行使用48.9亿元,其中2021年发行使用交通基础设施专项债券25.2亿元。

2.水路基础设施项目

广东交通基础设施专项债券支持的4个水路基础设施项目(码头工程)总投资共计21.1亿元,计划通过发行专项债券融资16亿元,债券资金占项目总投资的比重为66.4%,截至目前,累计发行使用6.9亿元,其中2021年发行使用交通基础设施专项债券3.9亿元。

(三)河南城乡发展专项债券

河南省2021年共发行20只城乡发展专项债券,金额合计约623.22亿元,支持项目1000多个,其中13.2亿元用于3个支持政府收费公路项目,8.375亿元用于支持16个客运枢纽站场项目,其余主要用于支持停车场、铁路、轨道交通、市政和产业园基础设施等各类有收益公益性项目。

1.政府收费公路

河南省城乡发展专项债券支持的3个政府收费公路项目中,一是焦作至唐河高速公路方城至唐河段工程,项目总投资102.38亿元,计划通过发行专项债券融资40亿元(其他债务融资45亿元),债券资金占项目总投资的39.1%,截至目前,累计发行使用30亿元,其中,2021年发行使用城乡发展专项债券15亿元;二是G107线绕信阳市区段一级公路新建工程,项目总投资56.82亿元,计划通过发行专项债券融资23亿元,债券资金占项目总投资的40.5%,截至目前,债券资金全部筹集到位,其中,2021年发行使用城乡发展专项债券0.3亿元;三是G312线绕信阳市区段一级公路新建工程,项目总投资31.23亿元,计划通过发行专项债券融资11.5亿元,债券资金占项目总投资的比重为36.8%,截至目前,债券资金全部筹集到位,其中2021年河南发行使用城乡发展专项债券0.3亿元,具体详见表4-10。

2021年河南城乡发展专项债券支持公路项目情况　　表4-10

项目名称	项目总投资（亿元）	发行使用专项债券规模（亿元）		
		合计	占比	2021年
焦作至唐河高速公路方城至唐河段工程	102.38	40	39.1%	15
G107线绕信阳市区段一级公路新建工程	56.82	23	40.5%	0.3
G312线绕信阳市区段一级公路新建工程	31.23	11.5	36.8%	0.3

2. 客运枢纽站场

河南城乡发展专项债券支持的16个客运枢纽站场项目总投资共计19.96亿元,计划通过发行专项债券融资11.29亿元,债券资金占项目总投资的56.6%,截至目前,累计发行使用城乡发展专项债券9.545亿元,剩余1.59亿元计划2022年发行完毕。专项债券资金在单个项目总投资中的占比最高约80%,最低不少于42%,支持力度较大,具体详见表4-11。

2021年河南城乡发展专项债券支持
客运枢纽站场项目情况(部分)　　表4-11

项目名称	项目总投资（亿元）	发行使用专项债券规模（亿元）		
		合计	占比	2021年
平顶山东部客运枢纽站项目	2.53	1.79	70.8%	1.79

续上表

项目名称	项目总投资（亿元）	发行使用专项债券规模(亿元)		
		合计	占比	2021年
泌阳县客运站及公交车站(一期)项目	2.14	0.9	42.1%	0.5
舞阳县汽车客运总站建设项目	1.89	0.8	42.3%	0.53
汝南县客运站建设项目	1.77	0.8	45.3%	0.64
新乡市平原示范区客运站项目	1.44	0.9	62.4%	0.9
社旗县客运站扩建提升建设项目	0.63	0.5	79.4%	0.45

(四)山东交通水利及市政产业园区发展专项债券

山东省2021年共发行28只交通水利及市政产业园区发展专项债券,金额合计1029.24亿元,其中8只专项债券安排部分资金用于支持7个政府收费公路、1个物流港口等公路水路交通基础设施建设,涉及债券资金37.92亿元。

1. 政府收费公路

山东省发行交通水利及市政产业园区发展专项债券37.38亿元,用于支持7个政府收费公路项目。其中,济南市G220至济青高速公路王舍人互通立交连接线工程项目总投资62.10亿元,累计发行使用专项债券21.4632亿元,占项目总投资的34.6%,2021年发行使用交通水利及市政产业园区发展8亿元。济南市济泺路穿黄隧道工程项目总投资63.48亿元,累计发行使用专项债券25.57亿元,占项目总投资的 40.3%，其中 2021 年发行使用交通水利及市政产业园区发展专项债券 7 亿元。G104 京岚线济南黄河公路大桥扩建工程项目总投资 81.68 亿元，累计发行使用专项债券 6.322 亿元，占项目总投资的 7.7%，其中 2021 年发行使用交通水利及市政产业园区发展专项债券 6.08 亿元。其他 4 个收费公路项目利用交通水利及市政产业园区发展专项债券情况见表 4-12。

2021 年山东交通水利及市政产业园区发展专项债券支持公路项目情况　　表 4-12

项目名称	项目总投资（亿元）	发行使用专项债券（亿元）		
		合计	占比	2021 年
济南市 G220 至济青高速公路王舍人互通立交连接线工程（原济南凤凰路北延工程）项目	62.10	21.4632	34.6%	8
济南市济泺路穿黄隧道工程项目	63.48	25.57	40.3%	7
G104 京岚线济南黄河公路大桥扩建工程项目	81.68	6.322	7.7%	6.08
济泺路穿黄北延隧道工程项目	41.95	7	16.7%	6
滨州市沾化至临淄公路滨州段项目	51.70	6.5	12.6%	5
长深—京沪高速公路临沂北连接线改建工程	10.58	3.3	31.2%	3.3
G309—S101 连接线工程（原齐鲁大道北延工程）项目	45.52	12.446	27.3%	2

2. 物流港口项目

山东省发行交通水利及市政产业园区发展专项债券 0.54 亿元用于支持一个物流港口工程,具体为济宁市山东京杭多式联运物流项目(物流港口建设),总投资 31.33 亿元,拟发行使用专项债券 17 亿元,占项目总投资的 54.3%,2021 年发行使用交通水利及市政产业园区发展专项债券 0.54 亿元。

四、交通运输领域运用专项债券特点

(一)政府收费公路专项债券发行规模稳步增长

《关于加快地方政府专项债券发行使用有关工作的通知》(财预〔2020〕94 号)规定,国家赋予地方一定的自主权,对因准备不足、短期内难以建设实施的项目,省级政府可按照程序调整用途,优先用于党中央、国务院明确的"两新一重"、城镇老旧小区改造、公共卫生设施建设等领域符合条件的重大项目,并按规定报财政部备案。为此,财政部不再单独下达收费公路专项债券发行额度,具体发行规模由省级政府在国务院批准的专项债务限额内进行确定。2021 年,23 个地方政府积极争取通过发行使用收费公路专项债券支持公路基础设施建设发展,发行规模共计 1387.3119 亿元,相比 2020 年增长 10.3%,是收费公路专项债券试点发行首年 2017 年的 3.2 倍,实现了收费公路专项债券发行规模在没有确定发行额度保障下的稳定增长,继续在地方政府收费公路建设发展中发挥积极稳定的支持保障作用。

(二) 10 年以上长期收费公路专项债券成主流

近年来,国家鼓励地方发行长期专项债券,支持铁路、城际交通、收费公路、水利工程等建设和运营期限较长的重大项目,更好匹配项目资金需求和期限。2021 年,收费公路专项债券以 10 年及以上期限为主,发行规模占比从 2017 年的 38.6% 增加到 96.8%,发行期限具体包括 10 年、15 年、20 年和 30 年四种,发行规模占比分别达 19.9%、27.2%、21.1% 和 28.6%,已经成为收费公路专项债券期限的主要构成,使得政府收费公路存量债务期限结构更为合理,与政府收费公路项目期限更加匹配,能够使长期存在的收费公路项目期限与举债融资期限错配风险得到有效降低,可以有效避免政府收费公路债务偿还风险的发生。

(三) 收费公路"债贷组合"融资方式运用更广泛

受新冠肺炎疫情影响,2021 年我国财政形势严峻,各地财政收支矛盾加剧,地方政府能够安排用于政府收费公路的财政资金更为短缺,同时,由于地方政府债券发行规模受债务限额管理,现阶段能够安排用于政府收费公路的专项债券资金规模也较为有限,难以满足政府收费公路建设发展较大规模的资金需求。在此背景下,各地牢牢抓住中共中央、国务院《关于做好地方政府专项债券发行及项目配套融资工作的通知》政策机遇,积极探索组合使用专项债券和市场化融资等政策,在充分利用好收费公路专项债券等低利率、长期限等优势基础上,为有效解决专项债券发行额度难以满足公路建设资金需求的现实困境,探索利用市场化融资筹集建设资金,尽快形成实物工作量,防止形成"半拉子"工程。

（四）更大规模专项债券用作项目资本金

项目资本金筹集一直是困扰交通基础设施建设发展的重要难题。近年来，随着国家有关债务风险防控政策的进一步收紧，债务性资金作为项目资本金的普遍做法被全面禁止，资本金筹集困难更加凸显，一些地方由于项目资本金不能及时筹集到位，导致项目进度严重滞后，甚至停建或缓建，交通基础设施建设有效投资受到影响。2019年，中共中央办公厅、国务院办公厅印发《关于做好地方政府专项债券发行及项目配套融资工作的通知》，允许将专项债券作为符合条件的重大项目资本金，政府收费公路建设资金筹集"前门"进一步打开，各地积极探索通过发行收费公路专项债券筹集项目资本金，专项债券资金稳步增加，2021年达到470亿元，占全年收费公路专项债券发行规模的三分之一，为地方政府收费公路项目资本金筹集发挥了积极作用。

（五）交通运输领域运用专项债券品种不断创新丰富

广东、山东、浙江等不少省份积极沟通协调财政部门，探索创新通过发行收费公路专项债券之外的其他专项债券品种筹集资金，用于支持交通基础设施建设发展，主要有交通基础设施专项债券、城乡发展专项债券、基础设施专项债券、城乡基础设施建设专项债券、高质量发展专项债券、交通水利及市政产业园区发展专项债券、高质量发展补短板专项债券等。这些专项债券支持项目类型不仅包括政府收费公路、港口码头、综合枢纽、铁路、民航机场等交通基础设施建设项目，还包括能源项目、农林水利、生态环保项目、民生服务、市政和产业园区基础设施等领域项目。例如，山东省自2017年收费公路专项债券试点发行以来,主要通过发行交通水利及市政产业园区发展专项债券、交通能源市政产业园基础设施及民生社会事业发展专项债券等筹集公路、铁路、水路交通基础设施建设资金,并未单独发行收费公路专项债券;广东、浙江、黑龙江等省份则在用好收费公路专项债券政策的基础上,积极通过发行交通基础设施等专项债券,多渠道筹集包括公路、水路、铁路和民航在内的交通建设资金,不同品种的地方政府专项债券资金支持,在促进交通基础设施建设发展中发挥了积极作用。

五、应当关注的重点问题

(一)不同品种专项债券只能用于有收益的交通建设项目

《中华人民共和国预算法》和《国务院关于加强地方政府性债务管理的意见》(国发〔2014〕43号)规定,地方政府举债采取政府债券方式,有一定收益的公益性事业发展确需政府举借专项债务的,由地方政府通过发行专项债券融资,以对应的政府性基金或专项收入偿还。2020年,财政部印发《地方政府债券发行管理办法》(财库〔2020〕43号)再次明确,专项债券是为有一定收益的公益性项目发行,以公益性项目对应的政府性基金收入或专项收入作为还本付息资金来源的政府债券。据调研了解,部分地区存在将专项债券用于农村公路等没有收益项目建设的不规范做法,需要严格按照地方政府债券资金使用规定,进一步规范专项债券使用管理,只能用于有一定收益的交通基础设施建设项目,不得用于农村公路等没有收益的交通基础设施项目。

（二）专项债券应不得用于采用 PPP 等模式的经营性公路

《收费公路管理条例》规定，经营性公路是指国内外经济组织投资建设或者依照《中华人民共和国公路法》的规定受让政府还贷公路收费权的公路，建设资金由作为投资建设主体的经济组织负责筹集，通过收取车辆通行费收回投资并获得合理回报。现阶段，经营性公路主要采用 PPP 模式进行运作，政府与社会资本按约定共同成立特别目的公司建设和运营合作项目。根据《政府投资条例》《关于深化投融资体制改革的意见》（中发〔2016〕18 号）规定，政府投资资金作为预算安排资金，对确需支持的经营性项目，主要采取资本金注入方式投入，也可适当采取投资补助、贷款贴息等方式进行引导。而专项债券作为地方政府为支持有一定收益的公益性事业发展而举借的、以公益性项目对应的政府性基金收入或专项收入作为还本付息资金来源的政府债券，属于地方政府专项债务资金，不能用于采用 PPP 等模式的经营性公路。

（三）"债贷组合"融资模式下要落实好到期债务偿还责任

2019 年以来，对收益兼有政府性基金收入和其他经营性专项收入，且偿还专项债券本息后仍有剩余专项收入的铁路、公路等重大项目，可以由有关企业法人项目单位根据剩余专项收入情况向金融机构市场化融资，实行专项债券和市场化融合相结合的融资模式。组合使用专项债券和市场化融资的项目，项目收入实行分账管理，其中，项目对应的政府性基金收入和用于偿还专项债券的专项收入及时足额缴入国库，纳入政府性基金预算管理，确保专项债券还本付息资金安全。项目单位依法对市场化融资承担全部偿还责任，在银行开立监管账户,将市场化融资资金以及项目对应可用于偿还市场化融资的专项收入,及时足额归集至监管账户,保障市场化融资到期偿付。项目单位不得以任何方式新增隐性债务。

(四)收费公路收费期限已突破现行管理政策相关规定

近年来,国家积极鼓励发行 10 年期以上的长期专项债券,更好匹配项目资金需求和期限,20 年、30 年期收费公路专项债券发行规模从 2019 年的 260.2 亿元增加到 2021 年的 689.8466 亿元,年均增长 62.8%。其中,2021 年 30 年期收费公路专项债券发行规模占比达 28.6%,在这种情况下,为匹配收费公路项目期限与专项债券期限,收费公路项目收费期限通常将超过 20 年。《收费公路管理条例》规定,目前通过发行收费公路等品种专项债券举债融资建设的政府收费公路收费期限东部地区最长不得超过 15 年,中西部地区最长不得超过 20 年。从实践情况看,一些省份通过发行专项债券举借债务融资建设的收费公路的收费期限已经突破现行《收费公路管理条例》有关东部地区最长不得超过 15 年、中西部地区最长不得超过 20 年的规定,倒逼收费公路管理政策必须加快调整完善步伐。

(五)建立养护管理收费制度

在现有财政状况无法满足公路养护基本需求的情况下,省域内政府收费公路债务偿清后,可以按照满足基本养护、管理支出需求和保障通行效率的原则,继续采取收费方式,但应大幅降低收费标准,以满足收费公路养护管理资金需求,同时发挥好收费筹集资金和调节交通流量的作用。经营性公路到期后明显降费转为政府收费公路,政府收费公路整体还清债务后再次大幅降费并进入养护收费。

(六)建立收费公路区域统筹制度

为了防控政府债务风险,进一步完善政府收费公路"统借统还"制度,将以省为单位对收费公路统一管理,实行统一举借债务,统一收费机制,统筹偿债来源,统一支出安排,通过统借统还模式,打破单条路核算的弊端,实施省域内收费公路收入高低路段的交叉补贴、"以肥补瘦、以丰补歉",提高管理效率,增强偿债能力,有效化解和防范政府债务风险,加快整体降低车辆通行费标准。此外,进一步扩大"统借统还"范围,将经营期届满由政府收回的收费公路也纳入"统借统还"范围。通过统借统还模式,降低融资和运营成本,提高管理效率,增强政府偿债能力,加快债务偿还,降低债务风险。

(七)强化对收费公路服务水平的监管

为有效回应公众诉求,更好保障公众利益,政府将强化对通行费收支、收费权益转让、公路技术状况、安全状况、运营服务质量等方面的监管,加强信息公开,增强收费公路发展的透明度,接受社会广泛监督。同时,进一步明确经营者在收费公路养护管理、保证服务质量方面的责任和义务,并通过收费公路实行联网收费,推行不停车收费,提高通行效率和服务水平。

PART 3
实践篇

第五章　PPP模式在交通运输领域的实践运用

2014年以来,为加强预算管理以及地方政府债务风险防控,国务院出台了《关于加强地方政府性债务管理意见》(国发〔2014〕43号),指明发行政府债券和PPP两条融资路径,标志着基础设施投融资翻开新篇章。随着我国PPP制度的不断健全完善,PPP模式在基础设施投资建设领域得到快速发展。交通运输领域是PPP模式实施运用的主力军和"领头羊",有效吸引大量社会资本参与交通基础设施建设,为支撑加快交通强国建设发挥着不可替代的作用。

一、交通运输领域PPP发展现状

根据财政部政府和社会资本合作(PPP)中心发布的《全国PPP综合信息平台管理库项目2021年半年报》,截至2021年6月底,全国PPP综合信息平台管理库(以下简称"管理库")累计在库项目10126个,总投资额15.7万亿元,覆盖31个省(自治区、直辖市)及新疆兵团。纳入管理库的PPP项目数全国地区分布情况如图5-1所示,其中位列前三位的地区分别为河南(83个)、山东(750个)和广东(566个)。PPP市场规模呈现稳中有增的趋势。

(一)交通运输行业是我国PPP模式运用的主力军

截至2021年6月底,管理库累计在库的10126个项目涉及能源、交通运输、水利建设等19个行业领域,行业分布较广。其中,交通运输领域累计在库项目1396个,占比13.8%,在所有领域中位居第二,仅次于市政工程领域(4138个项目,占比40.9%)。纳入管理库PPP项目数量行业分布情况如图5-2所示。投资额方面,交通运输领域累计在库项目投资额最高,高达5.33万亿元,占比33.9%,充分体现了交通运输PPP项目投资规模大的特点。纳入管理库PPP项目投资额行业分布情况如图5-3所示。

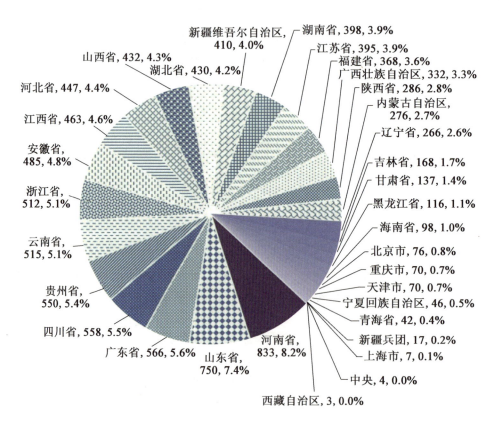

图5-1 截至2021年6月底财政部PPP管理库项目数全国地区分布情况(个)

第五章　PPP 模式在交通运输领域的实践运用

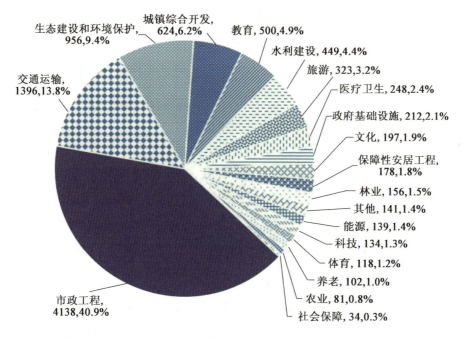

图 5-2　截至 2021 年 6 月底纳入管理库项目数量行业分布情况(单位:个)

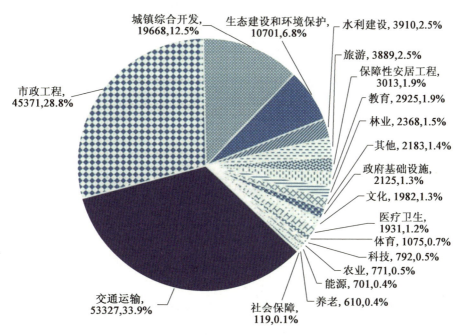

图 5-3　截至 2021 年 6 月底纳入管理库项目投资额行业分布情况(单位:亿元)

— 113 —

根据明树数据提供的大口径统计数据分析,截至2022年3月,全国还有580个已落地签约的高速公路、港口等项目按照特许经营模式实施,不在财政部PPP管理库中,涉及投资额3.58万亿元。因此,从大口径看,截至2022年3月,全国已落地签约交通运输PPP项目共计1883个、涉及投资额9.07万亿元。

(二)在库项目中签约落地和开工建设比例较高

截至2021年6月底,交通运输项目累计签约落地项目数量1073个,占全部在库数量的76.86%;签约落地项目投资额4.1亿元,占全部在库投资额的76.78%。累计开工项目数量643个,占全部在库数量的46.06%;开工项目投资额4.1亿元,占全部在库投资额的39.14%。交通运输行业的签约落地率和开工率在重点行业中均较高。我国不同行业领域市政工程、交通运输、生态建设和环境保护、城镇综合开发等PPP项目签约落地及开工情况详见表5-1。

2021年6月底纳入管理库PPP项目签约落地及开工情况　　表5-1

行业类型	市政工程	交通运输	生态建设和环境保护	城镇综合开发	教育
在库数量(个)	4138	1396	956	624	500
签约落地数量(个)	3099	1073	706	453	352
签约落地率	74.89%	76.86%	73.85%	72.60%	70.40%
开工数量(个)	1922	643	445	266	207
开工率	46.45%	46.06%	46.55%	42.63%	41.40%

(三)交通运输行业新增入库持续稳定

自管理库建立以来,交通运输行业在管理库数量及投资额方面均保持稳定增长趋势。2021年上半年,交通运输行业新入管理库项目数 50 个,新增投资额 2974 亿元。但同时部分项目因前期工作不到位、存在合规性问题等原因退出管理库。综合退出管理库情况后,交通运输行业净增数量 28 个,净增投资额 2337 亿元。2018—2021 年交通运输行业 PPP 项目纳入管理库情况详见图 5-4。

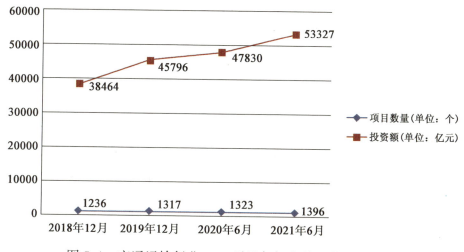

图 5-4 交通运输行业 PPP 项目各年度纳入管理库情况

二、创新 PPP 模式的主要做法

(一)通过"肥瘦搭配"等方式,统筹推进项目

各地在推进交通运输领域 PPP 项目过程中,发现部分项目地处山区或经济欠发达地区,因此建设成本较高或运营收入较低,使项目投资回报率不高,招商引资缺乏吸引力;而部分项目位于平原或经济发达地区或有上级投资补助,使项目投资回报率较高,对社会投资人的吸引力比较大。

若单独实施,投资回报率不高项目只能通过财政支出的方式去建设实施,将加大财政压力。在此背景下,一些地方省份创新融资思路,通过采用"PPP+BOT""省级高速公路+国家级高速公路""普通公路+高速公路"等方式,将投资回报率不高与投资回报率较高的项目打捆,实现以"肥"带"瘦"、统筹协调,可以有效降低政府经济效益较差项目的运营期补助压力,破解政府支出难题。

(二)财政支出分级划分,减轻各级政府财政压力

交通运输基础设施,特别是公路水路等线性工程,项目一般跨越多个市县,项目建成后也将给沿线区域带来一定经济效益。因此,一些地方省份按照项目建成后对地方经济的影响,将项目支出量化平摊到各地方政府,合理地分配承担比例。通过财政分级支出划分,可有效地减轻各级政府财政压力,通过灵活的财政支出分配方式,能够有效控制和化解地方政府性债务风险,并且能带动沿线地方的经济和政府的财政收入。

(三)积极探索"交通+",开拓多元融资渠道

各地利用政策条件和自身资源禀赋,依法依规探索"旅游+""土地+""资源+"等多元融资渠道。具体包括通过出让优质土地资源、矿山开采权、经营权等方式,有效破解项目建设资金制约。推动交通运输基础设施与文化旅游、现代物流等关联产业深度融合发展,打造具有竞争优势的路衍经济产业集群,提升项目投资回报等。

(四)采用多种手段,着力降低当期财政支出压力

对于经济效益较差或财政需要承担一定风险支出的项目,各地

(三)PPP项目"投融管退"良性投资循环路径逐步形成

"投融管退"中的"退"是最后一环,也是判断一项投资成功与否的重要衡量。但是在PPP领域,尤其是交通PPP项目,动辄20年以上的投资期限,往往让看重资金周转率的社会资本望而生畏,因此,建立合规顺畅的退出机制成为各方社会资本关注的重点。2017年以来,国家发改委联合中国证监会先后推出PPP项目资产证券化(ABS)模式,基础设施领域不动产投资信托基金(REITs),将存量资产转化为可用资本,用回收资金再投向新的基础设施项目,形成资产和投资的良性循环。从交通运输行业来看,收费公路等交通基础设施属于重资产领域,REITs为交通运输行业提供了一种新的权益型融资工具,在一定程度上有利于拓宽社会资本投资渠道,缓解企业资本金不足、负债率较高、社会投资吸引力不强的问题。此外,直接上市融资(IPO)也是企业,特别是民企特别关注的一种重要退出方式。在调研中了解到,河北某民营企业紧紧抓住此轮PPP市场发展机遇,努力实现了由传统施工企业转型为交通、市政基础设施"投建管养运"一体化发展的企业,并于2021年底在上交所成功上市。总的来看,PPP项目"投融管退"的良性投资循环路径已初步构建并逐步丰富完善,为社会资本参与交通基础设施建设提供了更多的选择和机会。

(四)交通PPP市场专业化分工和协作程度不断增强

以前我国大多数交通项目还仍以传统施工承包模式推进为主,中央企业和地方国企主要充当着施工方角色。随着交通PPP市场的不断发展,以中央企业和地方国企为主,联合施工、设计、运营等多家专业单位共同参与的交通 PPP 项目,尤其是高速公路等投资规模大的项目已成为主要方式,一批多层次专业化的市场力量逐渐发展壮大起来,企业参与专业度和行业细分化不断增强。在具体项目中,负责投资、施工、运营管理、养护维护、经营开发等各方共同协作,各司其职,承担着各自优势业务,充分体现政府和各类社会资本之间的专业分工与密切合作。尽管民营企业牵头的交通 PPP 项目市场份额不大,但在投资后端承揽着大量业务,包括工程专项分包、劳务分包,以及水泥、防水涂料原材料供应等(据调研,某央企反映,以高速公路项目为例,民营企业直接或间接参与市场份额约占项目建安费的 30%~50%)。

四、PPP 模式运用存在的问题

由于 PPP 模式较为复杂,不是单纯的融资模式,而是一种综合的管理模式,涉及设计、建设、融资、运营、维护等多个环节,对政府的监管能力、社会资本的经营和管理能力提出了较大的挑战。这些年来,PPP 模式已在交通运输行业得到广泛运用,但在新的发展阶段下,社会资本在参与交通运输领域 PPP 项目中还存在着一些问题。

(一)新建交通项目经济效益普遍不佳使得 PPP 推进难度加大

随着新建收费公路向中西部地区和山岭重丘地区延伸,建设成本高、投资规模大、社会效益突出,但投资回报率低、投资回收年限长,加之收费标准长期较低及各类免征或降低通行费的要求,预期经济收益不乐观,很多项目资本金收益率达不到国家发改委公布的公路行业经营性建设项目6%的财务基准收益率。各地实施推进收费公路等交通项目普遍面临着需要政府给资金、资源补缺的问题。

（二）地方财政收支矛盾加剧成为交通PPP发展的重要约束条件

受疫情冲击、经济潜在增长率下降以及全球经济下滑的影响，预计未来我国财政收入将呈低水平运行态势，但财政支出刚性不减，特别是未来一段时间地方政府偿债集中（据有关学者粗略计算，"十四五"期将有大约1/4的省份，其省级财政收入的50%以上将用于还本付息），收支缺口加大。在此情形下，按照财政部要求的"本级全部PPP项目从一般公共预算列支的财政支出责任，不超过当年本级一般公共预算支出10%"的规定，地方政府尤其是中西部地区地市及以下政府实施交通基础设施PPP项目空间越来越有限。

（三）PPP项目存在重建设、轻运营的问题

PPP项目的后期运营是项目能否持续的核心，也是充分体现社会资本优势、提高公共服务供给效率的关键环节。然而，部分地方政府对社会资本方的职责和功能认识不足，或者片面追求短期经济目标，简单地将社会资本等同于施工建设方。一方面，在项目招标过程中对社会资本方项目运营的资质、能力不够重视，没有一套对项目运营效益进行科学、完整和有效评判的标准体系，是导致项目评审过程中出现"重建设、轻运营"的客观原因。另一方面，目前PPP的社会资本主要是央企、地方国企等大型施工企业，关注的是施工利润，而非项目运营，同时施工企业往往缺乏项目运营所需的专业能力，因此对运营关注较少，对运营风险认识不足，这也是导致

"重建设、轻运营"的重要原因。

(四)部分最低需求保障项目被认定为新增政府隐性债务

政府方在规划建设交通运输项目时,一般会结合当地经济社会未来几年甚至十几年的发展对项目的需求。在具体实施过程中,部分项目可能存在实际交通量需求与预测偏离较大,项目实际收益远低于预期水平或亏损的风险。此项最低需求风险是由政府主导的风险要素,由政府承担更为合适。财政部《关于推广运用政府和社会资本合作模式有关问题的通知》(财金〔2014〕76号)、《关于印发政府和社会资本合作模式操作指南(试行)的通知》(财金〔2014〕113号)也均提到了最低需求风险,并明确相关风险应由政府承担。在项目市场需求不足、经营性收入无法覆盖项目支出的情况下,为有效降低项目实施风险,在PPP项目中设计了最低需求保障机制,形式上与当前禁止的固定回报、保障最低收益等隐性债务规定看似有些相似。特别是部分项目设计的最低需求水平较高,且支付没有绩效考核挂钩,使项目公司通过稳定的最低需求补贴即可收回投资本金,并有一定收益,更成为审计关注的重点。但对于部分PPP项目,科学合理地设计最低需求保障机制,有利于提高收费不足项目实施的成功率。因此,设计最低需求保障对部分项目而言具有一定的必要性。对于PPP项目最低需求保障的审计和风险管控,关键目的是防止PPP项目支出责任固化。因此,一方面需要明确政府虽然承担最低需求风险,但不意味着政府承担了所有需求,有一部分市场需求风险仍需由社会资本承担。另一方面设计合理的绩效考核指标,明确支出责任按绩效付费。社会资本达到考核要求给予足额付费,反之,对于考核不达标的,要予以扣减补贴金额,甚至中止项目合作。

五、助推交通运输领域 PPP 高质量发展的建议

(一)各级交通运输部门规范有序推进行业 PPP 高质量发展

建议各级交通运输部门适时组织开展本区域 PPP 模式推广运用情况调研工作,重点了解各地在推进高速公路、普通国省干线、枢纽站场等领域 PPP 工作的最新进展情况,包括方案设计、项目融资落地、绩效评价、各方合同履约等方面,充分掌握各地及相关企业 PPP 模式应用面临的困难和存在的问题,指导有关部门或单位加强 PPP 项目前期准备,规范绩效评价,切实履约付费,优化营商环境,提高 PPP 项目落地率以及运营效率和服务水平。同时,通过选取各地交通 PPP 项目具有创新性示范性的典型案例,加强宣传,积极发挥好其在行业的示范引领带动作用。

(二)有效盘活交通资产沿线资源,提高项目吸引力

建议各地交通运输部门争取本级政府支持,与财政、自然资源、发改等部门联合协同,加强路衍路域经济开发,鼓励创新投融资模式创新,在服务区拓展、通道物流、交通能源、交旅融合、智慧交通等方面实现路衍产业"新突破",促进交通发展与周边产业互促共进、融合发展,进一步提升交通项目经济效益,促进交通 PPP 项目可持续发展。争取推动配套政策措施落地,鼓励各地和交通企业在确保项目权责明晰、运营稳定、风险可控的前提下,积极探索和实践通过"PPP+REITs"、ABS 等方式盘活存量资产,实现交通项目资金和资

产的良性循环。

(三)构建 PPP 市场营商环境,维护好社会资本合法权益

建议各级交通运输部门要加强法治意识,做好 PPP 政策的统一设计,确保政策稳定性、连贯性,加强合作各方权益保护,为当地更好推进维护交通运输领域 PPP 项目的规范实施提供强有力的政策保障。同时,建议交通运输部加快推动《收费公路管理条例》修订工作,完善收费公路特许经营期限、收费标准调整、收费权益转让等配套政策,给参与各方以稳定正面的预期,夯实 PPP 持续健康发展的基础。

第六章　交通企业投融资发展情况

交通企业是深入实践交通运输基础设施投融资改革的主要力量。我国各级交通企业在市场化融资方面多措并举，稳妥用好各类债务性融资方式，积极创新权益型融资方式，探索政企合作新模式。针对不同类型交通企业，近年来在投融资方面呈现出一些不同特征，包括：部分地方省级交通企业通过强强联合、合并重组实现产业整合、助力打造具有更强竞争力企业；中央企业紧抓PPP模式实施带来的发展机遇期，在加快推进交通基础设施建设、助力落实国家重大战略发挥了重要作用；相比中央和省级交通企业，市县级交通企业在转型发展中面临着职责界定不清、资产规模小、优质资产少等困难。

一、市场化投融资手段多措并举

交通企业特别是国有交通企业作为地方政府投融资平台的重要载体，在构建综合交通运输体系中发挥着重要作用。2014年以来，为加强地方政府债务风险防控，清理规范融资平台公司运营，国务院出台"关于加强地方政府性债务管理意见"等一系列政策文件，要求剥离融资平台的政府性融资职能，禁止融资平台公司新增政府债务。传统的以承接政府指令性任务为主和依靠政府信用背书融资的经营模式已不再可行，要求交通企业必须加快市场化转型升级，持续提升投融资能力。在此背景下，各地主动适应改革形势要求,深化供给侧结构性改革,采取多种措施积极推进融资平台转型发展,促进交通企业按照市场化方式投入交通基础设施建设运营,不断创新投融资模式,着力降低融资成本,加快构建"多元筹资、规范高效"融资局面,有力支撑了交通强国建设。

在本书前面章节阐述的政府专项债券模式、PPP模式主要是宏观管理者可选择的融资模式,也是交通企业创新实践运用的重点方面,此部分不再赘述。本部分重点从微观角度,总结分析交通企业自身资金的筹集方式,主要有以下几方面:

(一)稳妥用好债务性融资方式

从各地交通企业的实践来看,交通企业债务新融资包括银行贷款、企业债券、银行票据、短期融资券、融资租赁等多种形式。

1. 利用银行贷款

银行贷款一直都是交通基础设施特别是高速公路项目融资的主要方式。交通基础设施建设具有资金需求量大且集中、投资回收期长,对融资规模和模式要求比较高等特点。相对融资租赁、债券融资等其他债务性融资,银行贷款在资金体量、资金贷款期限上可以满足项目融资需求。实践中,银行贷款申请和审核要求较高,为了能规避风险,银行通常对企业有较高的要求,如资产规模、现金流状况、企业信用评级等方面,并且需要抵押物。交通企业往往是以收费权或实物资产作为质押来申请银行贷款。以收费公路为例,根据《2020年全国收费公路统计公报》,2020年末,全国收费公路银行贷款余额5.83万亿元,占全部债务余额的82.5%。由此可见,交通企业债务性融资主要是以银行贷款为主,由于银行贷款的还本付息属于强制性政策,交通企业到期还本付息压力大。

此外,部分交通企业还通过积极申请世界银行、亚洲开发银行、亚洲基础设施投资银行等国际金融组织的贷款,筹措交通建设资金。例如,2020年,江西省港口集团有限公司以信江八字嘴航电枢纽项目建设为依托,充分利用国际金融机构与国内政策性银行互补优势,采取科学增加担保资源,争取最长融资期限、最低融资成本等策略,以弥补项目商业收益不满足传统银行融资要求的缺陷。该项目贷款包含2亿欧元欧洲投资银行直贷资金、4.86亿元人民币配套资金,贷款期限为25年(含宽限期),欧元综合利率低至1.8%,该利率在近年来同期限外国银行商业直贷项目贷款中处于最低水平,累计节省的资金成本超6.5亿元。

2. 利用债券融资

债券融资是企业依照法定程序发行、约定在一定期限内还本付息的有价证券,并可以在债券市场内自由流通。具体包括:企业债券、短期融资券、中期票据、可转换债券等。相较于银行贷款,债券融资在还款方式、融资额度等方面较为灵活,企业可以根据自身财务状况合理搭配债券融资工具,优化和改善企业融资结构。近年来,交通企业不断借助债券市场的发展,积极运用公司债、企业债、中期票据、短期融资、超短期融资等多种债券融资方式,扩大直接融资规模,提高直接融资比例,降低融资成本,优化企业债务结构。债券融资成为交通企业的重要融资来源,为企业可持续发展提供了坚实的资金保障,同时也给金融市场增加了优质的投资产品。目前公路行业已成为我国资本市场累计债券融资额最大的行业之一,是金融市场中信用等级最高、平均成本最低的基础债券资产之一。各大交通企业不断加大债券市场融资力度,积极尝试债券市场新的融资工具,在债券市场积累了优质的企业信誉,并在债券融资方面积累了较为丰富的融资经验。例如,江苏交通控股有限公司2018年10月成功发行了首单优质主体企业债券,发行利率创2017年以来同期限15亿元以上发行规模的新低。债券融资作为银行贷款的一种有效补充,也有着较高的门槛,对企业的信用评级、可分配利润、净资产规模、偿债能力方面都有严格的发行条件要求,并且在发行规模上债券融资实行余额管理,在一定程度上限制了其发行规模。

交通企业除了是运用金融工具的主力外,也是积极参与国内金融产品设计与实施的主体,并逐渐成为我国金融市场发展与制度创新的重要力量。例如,贵州高速公路有限公司在全国银行间市场成功发行全国首单扶贫中期票据;江苏交通控股有限公司发行国内首单超长期票据;江西高速公路有限公司率先提出营销式融资战略,参与并推动超短期融资券、永续债券和储架式债券发行机制改革,是国内首批发行定向工具的地方企业,并发行境内首单外资银行贷款市场报价利率(LPR)贷款、地方超短期融资券等。此外,部分交通企业还尝试申请发行境外债券,逐步进入境内外融资协调发展的"双车道"。

(二)积极创新权益性融资方式

权益融资主要是通过扩大企业的所有权益,来实现融资。相较于债务性融资,权益融资筹措的资金具有永久性特点、无到期日、不需归还,项目法人的财务负担和融资风险较小等特点。实践中,交通企业主要通过利用发行股票上市融资、产业投资基金、债转股、发行可续期债券等方式筹集资金。

1. 发行股票上市融资

随着资本市场迅猛发展,发行股票上市融资已经成为交通企业融资的有效途径。通过股票融资有助于拓宽资金来源渠道,改善资产负债结构,降低资产负债率,提高公司治理水平,还能有效提升交通企业品牌价值和市场影响力。据不完全统计,目前我国以路桥收费为主营业务的上市公司共26家,其中21家在境内上市、5家在香港联交所上市。以齐鲁高速公路股份有限公司(以下简称"齐鲁高速")为例,2018年7月19日,在香港联交所主板成功挂牌上市,成为山东省高速公路板块首家境外上市公司,共募集资金12.5亿港元,资金主要用于收购经营性收费公路、桥梁及相关基础设施建设项目股权。齐鲁高速H股IPO成功上市,由一家仅运营一条高速公路、有期限经营的企业,变为一家经营多条高速公路、永续经营的企业;通过搭建齐鲁交通发展集团控股的海外资本运作平台,放大了国有资本功能,有效筹集高速公路建设资金,实现更高质量发展。

2. 设立市场化产业投资基金

通过设立产业投资基金,由政府引导(通常委托国有企业代表政府进行出资),鼓励金融机构、社保资金、保险资金等社会资本参加,以合规、风险可控的市场化方式运作,筹集交通基础设施建设资金。例如,甘肃、云南通过支持省属国有企业出资设立专项基金,解决经营性高速公路项目的资本金问题;浙江通过探索设立省级交通基础设施投资基金,与市县合作设立子基金,增强资金保障能力;贵州推进交通强国试点各项工作,为促进全省交通运输高质量发展而创设政府产业基金,规模为300亿元。

3. 利用债转股融资方式

2016年10月,国务院发布《关于积极稳妥降低企业杠杆率的意见》(国发〔2016〕54号),标志着市场化、法治化债转股正式启动。随后,为推动债转股工作有序开展,财政部、国家发展改革委、银保监会等部门相继出台了有关文件,指导各地规范有序推进债转股。债转股,即债权转为股权,商业银行按照相关规定,成立资产管理公司,代表银行将其原有的不良资产转换成企业的股权,此时银行不再是企业的债权人,而是成为企业的股东,并按照股权比例获得分红收益。

通过债转股,可以减轻企业的债务压力,降低资产负债率,优化财务结构,提升企业的融资能力,形成良性循环,有利于推动企业市场化改革。实践中,山东高速集团、甘肃省公路航空旅游投资集团有限公司、贵州高速集团等交通企业通过与商业银行合作探索实践债转股,资金主要用于项目建设及归还银行贷款等有息负债。但是,受到金融机构债转股投资规模受限、资产管理机构对股权融资预期收益要求较高等因素影响,债转股在实际推进过程中还存在落地慢、落地难等情况。

4. 发行可续期债券

可续期公司债券是赋予发行人以续期选择权,不规定债券到期期限的新型公司债券。可续期公司债券介于传统债券和股票之间,具有"股性"与"债性"双重属性,可以作为权益工具入账,并作为企业资本金的有效补充,明显改善企业资产负债结构,提高直接融资比重、降低杠杆率;同时也有助于丰富企业债务融资品种,拓宽融资渠道,降低企业融资成本。可续期公司债券与高速公路等基础设施建设项目建设周期长、资金投入大的特点相适应,有助于缓解融资难的问题。以招商公路为例,2020年9月,招商公路公开发行两期可续期公司债券,发行规模38亿元。其中,第一期发行规模为20亿元,用于偿还公司及下属子公司有息债务,部分用于补充公司及下属子公司流动资金,期限为 $2+N$ 年,第 $1\sim2$ 年初始利率为 4.05% 固定利率,第3年起票面利率将采用票面利率重置日之前一期基准利率加上初始利差再加上300个基点确定。

随着我国积极推动资本市场、金融市场改革发展,融资方式也在不断创新和完善,就交通企业来看,除了上述几种融资方式外,还有 ABS、REITs、融资租赁等多种融资方式已经逐步在行业内成功运用,进而形成多元化融资格局,为交通企业拓展融资渠道、提高融资效率提供了有力支撑。

(三)探索政企合作新模式

高速公路、航道等交通基础设施点多、线长、面广,拥有丰富的沿线资源。各地通过创新政府投入方式,探索政企合作模式,最大限度发挥交通基础设施对沿线资源和产业的带动作用,以交通项目为基础,以产业开发为载体,采取产业链延伸、联合经营、组合开发等方式,推进交通项目与收益较好的关联产业有效融合。一是鼓励有条件的地区将公路建设与产业发展、园区建设、乡村旅游、资源开发等捆绑实施一体化开发。二是探索实施流域矿产、水电资源、港口岸线、后方土地产业及商业开发与航道、港口、物流园区等捆绑式统一开发模式。三是积极发展"交通+物流""交通+旅游""互联网+交通"等新兴业态,充分发挥大数据在交通运输领域的作用,提高交通运输基础设施的社会效益和经济效益。以高速公路企业为例,为实现企业持续发展,拓展新的利润增长点,各大交通集团纷纷组建专门机构实施路衍经济一体化经营开发,以充分挖掘整合高速公路沿线资源,提高经营效益,实现股东利益最大化。据不完全统计,主要高速公路企业的路衍业务已形成一定规模,其中能源销售、服务区业务发展态势最强。

二、省级交通企业合并重组

从"十三五"期末开始,省级企业重组整合不断"上演"。省级交通国有企业通过强强联合进行同类产业整合,有利于优化资源配置,推动转型升级,聚力打造具有全球竞争力的世界一流企业。

(一)山东高速和齐鲁交通联合重组为新山东高速集团

山东高速集团(全称"山东省高速公路集团有限公司")的前身为山东省高速公路有限公司,于1997年7月由济青高速公路管理局、山东省济德高速公路工程建设办公室、山东省公路局和山东省交通开发投资公司共同出资发起设立。2005年1月,公司出资人由省交通厅变更为省国资委,公司名称正式更名为山东高速集团,定位为山东省国有资产监督管理委员会出资设立的国有独资公司。公司经营主业涵盖交通基础设施建设领域及智慧交通、金融资产投资与管理等,拥有山东高速、山东路桥、中国山东高速金融3家上市公司;拥有代省政府履行全省铁路建设出资人职责的山东铁路建设投资公司;拥有境外投资、建设平台公司中国山东国际经济技术合作公司;拥有全省首家区域性城市商业银行威海市商业银行等30家权属单位。截至2019年底,山东高速集团注册资本233亿元,资产总额达7300亿元,是全省资产规模最大的省属企业。2019年,集团实现营业收入847亿元,同比增长20.06%,实现净利润58.66亿元,同比下降0.14%。

2015年,山东进一步推进交通板块国企改革,成立齐鲁交通发展集团,注册资本226亿元,资产规模2200亿元。主要负责所辖高速公路的运营管理,承担省政府赋予的重大交通项目建设任务,对授权范围内的非公路类交通资产进行盘活整合和运营管理,是省政府交通运输事业发展的投融资平台,省内重大交通项目的投融资主体。截至2019年底,集团运营管理高速公路3500余公里,约占全省高速公路通车里程的60%,在建高速公路1027公里。集团下设23个分公司、22个全资子公司和21个控(参)股公司、1个院士工作站、1个科学技术研究院、1个智能网联公路交通研究院,在职人员20500人。旗下齐鲁高速在香港联交所上市。截至2019年底,齐鲁交通资产规模2335亿元、年营业收入393亿元(年均复合增长率达到37%),成功跻身中国企业500强,成为推动山东经济发展的一支重要新兴力量。2019年,齐鲁交通集团实现营业收入393亿元,与山东高速集团合计营业收入达1240亿元,山东省属企营收超千亿规模还有山东能源集团、兖矿集团、山东重工集团、山东钢铁集团4家。此外值得关注的是,合并之后,新集团资产规模将超过万亿,遥遥领先其他省属国企。

2020年3月,山东省启动更大力度推进国资国企改革工作,推动国有资本加快向"十强"产业、优势企业、核心主业"集结",力争用三年时间,将省属国企数量整合重组压减三成以上,资产效益提高三成以上。在此背景下,2020年7月,山东省委省政府推动原山东高速集团、原齐鲁交通发展集团联合重组为新的山东高速集团,除此之外还有山东能源与兖矿集团联合重组。两家大型交通企业联合重组后,新山东高速集团资产规模首次突破万亿元,达到1.06万亿元,继续稳居省管企业第一位。新山东高速集团定位为山东交通基础设施领域的国有资本投资公司,着力于大力发展交通基础设施核心业务,以打造成为主业突出、核心竞争力强的交通基础设施投资建设运营服务商和行业龙头企业为主要发展目标,为"交通强省"建设提供有力支撑。新组建的山东高速集团,作为全省交通龙头企业的地位更加突出,在全国高速公路行业的影响力进一步扩大,初步实现了"1+1>2"的耦合效果。

(二)陕西省属3家主要交通企业等重组成立陕西交通控股集团

2021年1月底,陕西交通控股集团正式挂牌成立。陕西交通控股集团是陕西省政府出资设立的国有独资企业,授权省国资委履行出资人职责,省交通运输厅负责行业管理和业务指导。新组建的集团以陕西省高速公路建设集团公司、陕西省交通建设集团公司、陕西省交通投资集团有限公司3家集团公司为基础,合并了陕西省交通规划设计研究院、西安公路研究院等其他14家企业,下辖公路运营、交通建设、产业发展等二级板块8个,三级单位94个,实现省内交通产业统一管理。截至2020年底,企业资产总额为5651亿元,员工总数3万余名,养护管理公路里程5990公里。

据了解,此次组建陕西交通控股集团,对标浙江交投、江苏交控等国内一流企业,是陕西省委省政府深化国企改革的重大部署,是做优做强国有资本和国有企业的重要举措,对于加快推进交通强省建设、促进陕西省交通事业高质量发展具有重大意义。新集团成立可有效解决省属交通企业同质化现象严重、市场化水平不高、发展质量不优、市场竞争力不强等问题,通过实施重组整合,有效降低企业负债、促进企业提质增效,加快推动陕西省交通企业做实、做强、做优。

随着全省高速公路网的不断完善、全国收费公路的联网运行,陕西省高速公路建设和运营现状难以满足发展需要,亟须将同质化严重的省属交通企业整合重组,实现全省高速公路建设、运营统一管理,有效发挥规模优势、专业优势、协同优势和整体效能优势,推动全省交通技术、人才、资金聚集,促进管理服务提档升级,形成统一的建养管制度、标准和品牌,提升路网运行的系统化、协同化、智能化水平,为社会提供高品质交通服务。

整合组建陕西交通控股集团,将有利于通过扩大政府收费公路统贷统还范围,优化债务结构,降低融资成本,加速产融结合,盘活存量资产,增加企业造血功能,促进高速公路运营业务现金流全覆盖,实现交通企业资产的良性循环。同时,使其真正成为市场的主体,构建大交通的投融资和资产经营管理格局,形成完整的生态系统和上下游产业链,提高交通产业集约化水平和竞争力,打造陕西交通龙头企业,巩固和扩展陕西省交通枢纽优势。

重组后,陕西交控集团总部人员压缩了60%、建立了精干高效的决策中心,集团二级板块纷纷去总部"抢人"。过去交通企业最大问题是"行政化"思维,缺乏市场竞争意识,此次精简人员后要求建立市场意识,主动联系对接项目、关注合同方需求,到2021年底就已初现成效。比如,陕西高速公路诞生了首个房车露营主题服务区——高桥服务区。过去该服务区留不住车,经过提升后不仅是房车爱好者的营地,普通游客也能来体验一把。该服务区也被纳入"中国公路学会第二届全国高速公路旅游服务区"评选的优秀服务区。陕西交控集团积极"找项目""降成本"。在主营业务上,完全采用市场化模式,截至2021年底,先后中标丹宁、鄂周眉、神盘改扩建3个PPP项目,总投资194.6亿元,实现了PPP项目零的突破。集团与全省10个市(区)签订了项目合作协议,并与多家央企省企签订战略合作协议49份,新签工程合同额148.46亿元,其中省外市场32.4亿元;主动上门与国家开发银行、建设银行、农业银行等多家银行商讨贷款利率下调方案,实现当年节约利息支出3亿元以上;通过成立资金管理中心和集采中心,让管理费用占营业收入比重下降1.55%。

(三)四川交投与四川铁投合并为蜀道集团

四川交投集团成立于2010年4月,是四川省政府批准成立的省属特大型重要骨干企业,拥有直属企业12家,所属各级全资和控股企业130余家,员工2.5万人。截至2020年,四川交投集团资产总额达4599亿元,名列中国企业500强第340位。

四川铁投集团成立于2008年12月,是四川省人民政府出资设立的国有特大型投资集团,主要从事铁路、高速公路、新型城镇化等基础设施投资建设运营,同时经营工程建设、资源开发等多元产业,下辖四川路桥、川铁集团、城乡集团、广润集团等全资、控股各级各类企业234家,现有员工23000余人。截至2020年,四川铁投集团总资产达4200亿元,位列2019年中国企业500强第184位。

2021年4月,四川交投、四川铁投合并重组为蜀道投资集团有限责任公司(简称"蜀道集团")。四川交投与四川铁投的总资产合计近9000亿元,合并重组后的蜀道集团成为四川一家万亿级国有企业。蜀道集团股东为四川发展(控股)有限责任公司,持有100%股权。合并前四川铁投和四川交投的全部资产、负债、业务、人员、合同、资质及其他一切权利与义务由蜀道集团承继、承接或享有,合并前四川铁投和四川交投的旗下分支机构及所持有的下属企业股权或权益也归属于蜀道集团。

四川这两家交通投建类大型省级国企重组合并后,实施资源优势整合互补,有利于战略业务科学合理布局,将优势产业进一步做大做强。此外,据了解,四川省政府重组合并这两大国企、打造一家总资产万亿级的国企巨头,也有培育四川首家"世界500强"企业的考虑。

(四)河南交投集团与运输发展集团合并重组为新河南交投

2022年3月,河南交通投资集团(简称"新河南交投")正式挂牌成立。新河南交投由两家交通企业合并而成,一个是河南交通投资集团有限公司,是由河南省人民政府作为出资人,整合河南省交通运输厅管辖的国有经营性资产以及持有的股权组建的大型国有独资公司,履行政府交通基础设施和交通运输产业等投融资职责,负责相关项目的资金筹措、投资和建设以及资产管理,确保国有资产保值增值;另一个是河南省交通运输发展集团有限公司(简称"交通运输发展集团"),是由河南省人民政府批复,河南省收费还贷高速公路管理中心改制为交通运输发展集团,主要负责管理、经营全省政府还贷高速公路和部分经营性高速公路资源资产,承担全省交通运输基础设施项目的投资、建设、经营、管理,开发利用、投资经营交通基础设施及沿线区域相关资源资产。河南省内两个大型交通集团的重组,在业务布局、功能职责等方面具有较多重合。通过对交通产业资源的聚集,推动河南交通区位优势向枢纽经济优势转变。

合并重组之前,河南省管国企行业布局普遍分散、产业结构低而不优、企业个体数量多但不强、资本流动慢等特征。合并重组后,新河南交投集团总资产超5000亿元,净资产近1700亿元,管辖省内通车公路总里程达5720公里,其中省内高速公路5555公里,占河南高速公路通车总里程的近80%。并且在经营范围延伸扩展开发机场航空、物流、房地产、交通科技、金融投资等产业。

为了发挥自身优势,新河南交投计划从三个方面去推动落实:一是加快交通项目建设,充分发挥集团交通基础设施和交通运输产业等投融资平台职能,计划在"十四五"期间完成建设投资超4800亿元、总里程达到3500公里的高速公路。二是聚焦"交通+"融合发展,通过利用高速公路有利于发展沿路经济的作用,广泛开展"高速非公路+文旅+物流+产业合作",打造交通产业与地方经济发展互利共赢的大生态圈。三是做好"交通为民"职责,持续开展道路、服务区、收费站的提质升级行动,为人民群众提供良好的服务体验。

作为河南省重大交通项目投融资主体,新河南交投将承担河南省重大交通基建建设和运营管理任务,推动河南交通区位优势向枢纽优势转变,优化省内国资国企布局、增强交通投融资企业发展活力。未来,新河南交投将聚焦服务优势再造战略,努力打造一流综合交通投融资龙头企业。

(五)福建交运集团等省市港航企业整合组建省港口集团

为促进港口集约化发展,提升港口竞争力,更好服务"一带一路"建设,2020年8月,福建省委省政府决定整合福建省交通运输集团、厦门港务集团及福建能源集团和漳州、泉州、宁德、平潭等地拥有的国有港口企业资产,组建福建省港口集团。2020年10月,福建省港口集团正式揭牌运营;2021年3月,集团本部人员分批到位,基本完成港口集团组建第一阶段改革,进入常态化运作。截至2021年9月,福建省港口集团在福建省沿海各大湾区核心港区已完成大型集装箱、干散货和液体散货港区的完整布局,形成厦门、宁德、福州、莆田(罗屿)、泉州、漳州六大港口区域公司,已投产生产性码头泊位160个,最大可靠泊20万吨级集装箱船舶、40万吨级干散货船舶,在建最大原油泊位30万吨,码头岸线总长近3万米。

福建省港口集团的整合组建,有助于减少省内港口同质化恶性竞争,进一步打通省内各港口间物流通道,有效提升水路运输支撑能力,形成一体化经营、协同发展的新格局。整合组建后,2020年9月,福建省港口集团开通了"莆田—厦门""宁德—福州—泉州—厦门"省内沿海集装箱穿梭支线,到2021年6月累计完成集装箱吞吐量86.78万标准箱,共1802航次;为厦门港集装箱吞吐量贡献29.84万标准箱,共1204航次,进一步发挥了全省港口整合联动效应,畅通了宁德、福州、莆田、泉州、厦门各港间的物流通道。根据有关报道,2021年1—6月,福建港口集团实现营业总收入同比增长47%,利润同比增长29%;港口货物吞吐量完成近1.8亿吨,同比增长15.7%;集装箱吞吐量637.5万标箱,同比增长6.3%。

港口转型升级和资源整合,是加快海洋经济发展的"助推器"。整合后的福建省港口集团已在集约化发展方面取得阶段性成果,期待未来港口整合将在资源共享中释放出更大动能,为福建实现"海洋强省"的目标发挥更大作用。

三、中央企业发力承揽交通项目

PPP模式通过引导社会资本投向,激发社会投资活力,在助力落实国家重大战略,特别是支持基础设施建设方面发挥了重要作用。近年来中国交建、中国铁建、中国中铁、中国建筑、中国电建、能建集团等中央企业纷纷转型,由过去的作为施工承包商参与项目转变为组成具备财务投资、施工、设计、运营等能力的联合体以社会资本角色参与基础设施建设,尤其是在高速公路、铁路等领域占据着重要地位。

根据明树数据等有关机构提供的有关信息整理分析,截至2022年2月底,中央企业共计参与交通PPP项目[①]784个、涉及投资额5.59万亿元,涉及公路、铁路、场站枢纽、公交、航道、机场、港口等多个领域,分别占全部交通PPP项目数量和投资额的41.6%和61.7%。其中,由中央企业牵头中标的交通项目617个、涉及投资额4.02万亿元,数量和投资额占比分别为78.7%和71.9%。

进一步观察中央企业牵头参与交通项目的情况。从牵头项目数量看,中国建筑数量最多,为68个;中国铁建次之,有56个;中国中铁和中国交建相对较少,分别为37个和为32个。从牵头项目投资规模看,中国铁建最高,近7000亿元;中国中铁和中国交建次之,分别为5000亿元和4740亿元,中国建筑相对略少,为3900亿元。因此,中国铁建、中国中铁、中国交建、中国建筑"四巨头"是中央企业承揽交通项目的主力军。

通过分析近几年施工类中央企业参与PPP项目承揽体量可以发现,施工类中央企业对于PPP项目的态度正在逐渐转变。从前几年的"疯狂"拿单,到如今逐步回归理性,在投资风险把控上更为谨慎。但总体上看,对于政府而言,这些企业是国家重大战略实施、交

---

① 此处数据包括已纳入财政部PPP管理库的已落地签约项目和按照特许经营模式实施、不在财政部PPP管理库的已落地签约项目,下同。

通补齐短板的重要载体;对企业自身而言,是多元化投建管养运探索实践的重要平台,将其放在新时期、新环境、新概念下审视,更突显了自身的价值。

四、市县级交通企业转型中的困难

市县级交通企业一般是地方政府为筹集地方重大交通基础设施项目建设资金所设立的国有企业,主要业务是项目融资,并延伸到项目建设和运营,在加强地方交通基础设施建设、促进地方经济发展方面发挥着重要的作用。但是,区别于省级交通企业,市县级交通企业普遍具有数量多、信用评级不高、资产规模较小、债务压力大和融资成本高等特点,在市场化转型的过程中存在以下一些问题。

(一)政企责任界定不清晰、职能交叉

由于社会公共事业、基础设施建设等基层事权任务繁重,市场化转型基础薄弱等方面的原因,很多市县级交通企业还不同程度地充当着政府职能部门的角色,受当地政府行政指令影响较大,本质上是当地政府投资建设交通基础设施的工具,承担提供交通运输基本公共服务的职责。由于地方政府主导项目决策,多个政府部门参与运作,市县级交通企业难以做到独立决策、自主经营。在资产管理方面,出资人往往缺位或越位,事权、管理权、支出责任混淆模糊,没有按照现代企业管理制度进行经营管理。在资金管理方面,平台企业和财政投资很容易混为一体,对投入资金缺乏监管和运作能力。在人才方面,政府部门人员在企业兼任职位的情况使得行政化

色彩浓厚,缺乏现代企业管理所需要的诸多专业人才,低效的运营体制很难吸引优秀的专业人才。政企责任界定不清晰使得市县级交通企业市场化、实体化运作难度很大。

(二)资产规模小、优质资产较少

省级交通企业普遍资产规模较大,业务范围广,掌握资源多,而市县级交通企业借助地方政府的优势,虽然能够聚集一定的资产和资源,但受制于所在区域的经济状况,所承担项目规模有限,数量较少,并且企业资产多为公益性资产,经济效益差,盈利能力弱,难于盘活,缺乏变现能力,限制了其资产规模的扩张。与此同时,对一些有经济效益的公共项目,没有综合考量成本效益,未对成本和效益进行精细化管理,并且由于企业经营权和所有权分离,导致资产闲置较多,企业资产资源的价值并没有得到高效利用。

(三)企业"造血"功能不足、偿债能力弱

受制于企业规模及业务范围,市县级交通企业承担项目的资金来源主要依靠地方政府资产注入和资金补贴以及银行融资。企业公益性交通基础设施投资占据较大比重,其中绝大部分长期处于经营效益低下和无收益的经营状态,还有一些市县企业仅承担交通建设项目的融资职能,收入主要来源于当地财政回购和代建管理费等,缺少自身业务经营收入,融资成本高,融资渠道狭窄。由于政府投资的公益性项目投入大、周期长、回款慢,加之市县级财政普遍困难,经常导致项目回购资金支付不及时,常年以应收款的形式挂在企业的资产负债表上,造成企业偿债能力严重不足,只能采取贷款展期、借新债还旧债等措施解决债务压力,债务风险突出,缺乏后续

经营的"造血机制",极大地阻碍了企业市场化转型进程。例如:江苏泰兴市泰通集团银行贷款和发行企业债券的综合成本达到7.5%,盐城市射阳县交投集团2020年直接融资综合成本7%,间接融资综合成本达到9%。

(四)融资环境持续收紧、融资难度不断加大

2014年国发43号文发布以来,国家先后出台了多项有关规范地方政府举债融资、加强债务风险管理的政策措施。2021年,国务院印发了《关于进一步深化预算管理制度改革的意见》(国发〔2021〕5号),银保监会印发了《银行保险机构进一步做好地方政府隐性债务风险防范化解工作的指导意见》(银保监发〔2021〕15号),国资委印发了《关于加强地方国有企业债务风险管控工作的指导意见》(国资发财评规〔2021〕18号)。这些政策更加强调:一是严禁以企业债务形式增加隐性债务,严禁通过金融机构违规融资或变相举债;二是清理规范地方融资平台公司,对失去清偿能力的要依法实施破产重整或清算;三是企业要根据财务承受能力科学确定投资规模,从源头上防范债务风险;四是规范平台公司重大项目的投融资管理。国家对融资平台的监管政策不断收紧,使得原来依靠政府信用举债融资的行为受到很大限制,也使得交通企业的融资能力大幅减弱。从我们对江苏、安徽等地交通平台企业的调研情况看,市县交通企业融资能力普遍较弱。江苏省的市县级交通企业中,除南京、苏州、南通等少数市级平台运转较好外,其他市县平台运转普遍较差,有的已丧失融资功能;安徽省的市县级交通企业中,除芜湖、阜阳、合肥等少数市级平台运转相对顺畅外,其他市县融资平台困难重重。

针对新形势下市县级交通企业转型过程中存在的困难和问题,

需要加快构建政企分开的现代企业管理制度,健全法人治理结构,完善激励考核机制。同时,需要整合相关优质资源,加大经营性资产注入交通企业力度,做大做强交通企业的整体实力,引导交通企业市场化、实体化、规范化经营,增强"造血"能力,提高企业资信级别,促进交通企业可持续健康发展。

第七章 REITs 在交通运输领域的实践运用

2021年3月,《中华人民共和国国民经济和社会发展第十四个五年规划和2035年远景目标纲要》提出:"推动基础设施领域不动产投资信托基金(REITs)健康发展,有效盘活存量资产,形成存量资产和新增投资的良性循环"。经过长期投资建设,交通运输领域已形成了一大批优质基础设施资产,如何抓住当前国内大力推进基础设施REITs的政策机遇对交通运输行业具有重要意义。本章分析我国发展REITs内涵、背景以及交通基础设施投融资重要意义,梳理REITs在交通运输领域的运用情况,进而剖析交通运输领域REITs市场前景,研判REITs在交通运输领域中的积极定位,最后提出针对性政策建议。

一、我国 REITs 内涵、发展背景及制度构建

(一)REITs 内涵及发展背景

REITs作为一种权益型融资工具,通过标准化证券的设计,将有长期稳定现金流的存量基础设施资产在资本市场上证券化,连接资金的供需双方。基础设施资产持有人作为资金需求方,通过REITs出售资产筹集了资金;市场投资机构和社会公众作为资金供给方,借助REITs可以参与到基础设施资产投资并获得投资收益。通过REITs,实现资产市场与资本市场的有效结合。

REITs 制度在我国酝酿已有十余年时间。2005年,香港放开海外 REITs 发行上市,个别内地企业包括越秀集团赴港开展 REITs 上市。同年,商务部提出"开放国内 REITs 融资渠道"的建议。随后,国家层面多次提出推动 REITs 试点工作。2018年以来,《中共中央国务院关于支持河北雄安新区全面深化改革和扩大开放的指导意见》《海南自由贸易港建设总体方案》《国务院关于推进国家级经济技术开发区创新提升打造改革开放新高地的意见》等多个文件中明确提出,发挥 REITs 积极作用、促进国家重大战略和重大政策实施。

自改革开放以来,我国从中央到地方不断加大对包括交通运输在内的基础设施投资,形成了一批优质资产。未来一段时期将是我国基础设施提质增效的关键时期,需要大量的资金投入。但近年来,我国基础设施投资受内外部环境条件的变化影响,基础设施投资支撑力量不足,尤其是新建项目资本金筹集难、企业负债率高等问题越来越突出。为开辟基础设施投融资改革新路径,在借鉴国际经验基础上,我国率先选择基础设施领域作为切入点,提出推进基础设施公募 REITs 试点工作。

(二)REITs 制度构建

2020年4月开始,中国证监会和国家发展改革委联合印发《关于推进基础设施领域不动产投资信托基金(REITs)试点相关工作的通知》(证监发〔2020〕40号),对基础设施 REITs 试点的基本原则、试点项目要求和试点工作安排作出了明确规定。8月,国家发改委、中国证监会分别从明确试点申报具体要求、发行时参与主体胜任要求、基金份额发售等核心要点提出明确规定。这些文件的陆续出台标志着我国酝酿十余年的 REITs 大门正式开启。2021 年 3 月,《中华人民共和国国民经济和社会发展第十四个五年规划和 2035 年远景目标纲要》提出:"推动基础设施领域不动产投资信托基金(REITs)健康发展,有效盘活存量资产,形成存量资产和新增投资的良性循环"。2021 年 6 月和 12 月,国家发展改革委又连续印发通知,进一步明确试点要求、扩大试点范围,并且加速推进 REITs 试点工作,加强监督回收资金再投入,促进项目形成良性循环。2022 年 1 月,财政部、税务总局印发《关于基础设施领域不动产投资信托基金(REITs)试点税收政策的公告》(财政部 税务总局公告 2022 年第 3 号),这是国内首次在税收政策方面明确支持 REITs 发展。

经过两年时间的发展,我国基础设施 REITs 制度框架基本构建完成(表 7-1),为各地顺利推进 REITs 工作奠定了良好的制度基础。当前我国 REITs 制度出台的节奏和进度都远远赶超了其他已设立 REITs 的国家和地区。

我国基础设施 REITs 主要制度文件　　　　　表 7-1

印发时间	印发机构	文件名称	主要内容
2020 年 4 月 30 日	中国证监会、国家发展改革委	《关于推进基础设施领域不动产投资信托基金(REITs)试点相关工作的通知》(证监发〔2020〕40 号)	明确基础设施 REITs 试点的基本原则、试点项目要求和试点工作安排
2020 年 8 月 3 日	国家发展改革委	《关于做好基础设施领域不动产投资信托基金(REITs)试点项目申报工作的通知》(发改办投资〔2020〕586 号)	明确了此次试点项目申报的具体要求
2020 年 8 月 6 日	中国证监会	《公开募集基础设施证券投资基金指引(试行)》(中国证券监督管理委员会公告〔2020〕54 号)	对产品定义、参与主体胜任要求、基金份额发售方式、投资管理与项目运营管理等方面进行了规范,同时明确了 90% 以上利润分配给投资人的分配比例、不低于 80% 网下发售比例等重要内容

续上表

印发时间	印发机构	文件名称	主要内容
2021年1月13日	国家发展改革委	《关于建立全国基础设施领域不动产投资信托基金(REITs)试点项目库的通知》(发改办投资〔2021〕35号)	通过建立全国基础设施REITs试点项目库,切实保障试点项目质量,有效防范市场风险
2021年1月29日	上交所、深交所、中国证券投资基金业协会	分别发布了REITs业务的七个方面的配套政策,包括:基础设施REITs业务办法、发售指引、审核关注事项指引、业务流程、审查标准和发售流程等	各项配套制度标志着沪深两大交易所推进基础设施REITs试点工作取得阶段性进展
2021年2月5日	中国证券登记结算有限责任公司	《中国证券登记结算有限责任公司 上海证券交易所公开募集基础设施证券投资基金登记结算业务指引(试行)》《中国证券登记结算有限责任公司 深圳证券交易所公开募集基础设施证券投资基金登记结算业务指引(试行)》	从REITs基金登记结算业务方面出台了三项指引
2021年7月2日	国家发展改革委	《关于进一步做好基础设施领域不动产投资信托基金(REITs)试点工作的通知》(发改投资〔2021〕958号)	对今后基础设施REITs试点项目提出进一步细化要求
2021年12月	国家发展改革委办公厅	《关于加快推进基础设施领域不动产投资信托基金(REITs)有关工作的通知》(发改办投资〔2021〕1048号)	进一步加速推进REITs试点工作,加强监督回收资金再投入促进项目形成良性循环
2022年1月	财政部、税务总局	《关于基础设施领域不动产投资信托基金(REITs)试点税收政策的公告》(财政部 税务总局公告2022年第3号)	这是国内首次在税收政策方面明确支持REITs发展

注:以上文件为自2020年4月至2022年4月我国相关部门、机构陆续出台的重要政策文件。

二、REITs 在交通运输领域运用主要意义及发展现状

(一) REITs 对交通基础设施投融资的重要意义

我国基础设施经过数十年快速发展,已经积累了大量的存量资产,为推进 REITs 试点奠定了较好的基础。根据北京大学光华管理学院的研究,我国基础设施存量资产的投资额超过 130 万亿元,公募 REITs 市场的潜在规模应在 5 万亿元至 14 万亿元,可撬动 3 倍即约 15 万亿元到 42 万亿元的投资。在交通运输行业,资产规模较大、现金流稳定、效益较好的收费公路、铁路,具有运营增值空间的公路轨道及综合场站、物流枢纽,以及交通新基建等项目是 REITs 运用的重点领域。

随着中国步入高质量发展阶段,"十四五"时期将加快构建以国内大循环为主体、国内国际双循环相互促进的新发展格局。同时,中国正处于建设现代化基础设施体系和金融供给侧结构性改革的交汇期。基础设施 REITs 试点既是完善资本市场基础制度建设的内在需求,也是资本市场助力供给侧结构性改革和经济高质量发展的重要抓手。总体而言,中国 REITs 制度在借鉴国际经验的基础上,率先选择基础设施领域作为 REITs 的切入点,主要是考虑到基础设施投融资改革迫切。

一是从国家经济大局角度,有利于落实中央关于防风险、去杠杆、稳投资、补短板等重大决策部署,补齐基础设施短板,推动国内基础设施高质量发展。我国经济已由高速增长阶段转向高质量发展阶段,今后相当长一段时期,基础设施仍有较大投资需求。2019

年我国常住人口城镇化率为60.6%,与发达国家普遍超过80%相比,仍有不少差距,城镇化建设投资潜力较大。部分已有基础设施出现设备老化、容量不足等问题,难以满足社会新兴需求、支撑经济转型升级等,有较大改造提升空间。这些都需要大量资金支持。在地方财政压力日益加大,一些企业效益不是很理想的情况下,筹措资金的难度更加凸显。若能够运用好REITs这一工具,就能有效地支撑重大战略的实施。

二是从企业角度,解决企业投入新建项目资本金筹集难问题,提高基础设施企业再投资能力。目前"融资难、融资贵"问题是实体经济面临的一个普遍性问题,尤其是资本金的筹措。我国长期以来形成的融资结构是以银行贷款等间接融资为主、直接融资为辅,直接融资只占社会融资总量的百分之十几,而且直接融资还包括了相当大的一部分债券融资,真正的股权融资在基础设施中所占比重非常低。REITs是一种权益型融资工具,目前国际上90%以上的REITs基金都是权益型,这次推行基础设施REITs试点更是明确要求要坚持权益型特征,通过REITs助推存量基础设施资产盘活,解决基础设施项目资本金筹措这一难题。

以基础设施投资建设运营为主要业务的企业,因为投资了大量项目,资产负债率较高。以参与交通基建央企为例,资产负债率多数接近80%。高负债率限制了企业再投资能力和进一步发展。而助推企业发行基础设施REITs,可以为交通企业盘活存量资产、实现投资循环提供的新路径,出售存量资产回收资金投向新项目,打通了"投资—运营—退出—再投资"的完整链条,形成投融资闭环;可以为企业业务扩张筹集项目资本金提供新的思路,资本金筹集是企业面临的难题,发行公募REITs回收资金可作为新项目的资本金;可以为企业从重资产发展向轻资产运营转型提供新的方向,企业在公募基金中持有一定比例的战略配售,视企业需要用少量资金控制项目,并按照委托代理关系仍对项目进行运营管理;可以为企业提供一种新的融资平台,今后可不断将优质资产注入该平台上市实现逐步退出。总之,REITs对各类交通企业而言,可以增强企业再投资能力,通过资本市场开展REITs进行股权融资,募集所得资金用于新项目的投资、收购以及原有资产的改扩建。

三是从投资人角度,吸引各类社会资本参与基础设施投资建设中,分享底层资产稳定现金流收益。发行基础设施REITs是在基础设施领域打通"投资—运营—退出—再投资"的完整链条,形成投融资闭环。一是民间资本参与新建基础设施投资遇到门槛高、融资贵等难题,可参与的可能性不高。民营企业更适合通过基础设施REITs参与成熟的存量项目,既包括作为投资人参与投资公募基金,也包括作为运营管理方参与运营项目,大大降低了参与难度和投资风险。二是可吸引社会公众参与基础设施投资,撬动民间投资的巨大潜力,通过REITs这种定期分红的长线投资产品,支持国家的重点基础设施建设。根据中国证监会发布的《REITs指引》,基础设施REITs的一部分份额必须由公众投资者认购,就像购买股票一样购买REITs份额,参与基础设施投资,分享投资收益。三是更好吸引保险、社保、理财资金等机构参与基础设施投资。基础设施REITs的特点介于股票、债券之间,风险适中、回报较高、流动性较好,是一种标准化的金融产品。发行REITs,就可以很好地解决保险资金参与基础设施投资的回报率和流动性问题,进而吸引更多保险资金进入基础设施领域。理财资金投资非标准化产品在《关于规范金融机构资产管理业务的指导意见》(以下简称《资管新规》)出来后受到极大限制,发行REITs这类标准化产品,可以解决银行理财投资基础设施这一渠道问题,符合资管新规的要求。因此,公募REITs为投资者提供除股票、债券、基金和衍生品之外新的大类资产配置类别,填补了当前金融产品空白,丰富了资本市场投资工具,拓宽了社会资本投资渠道。

(二)交通基础设施项目 REITs 运用情况

自国家正式推动 REITs 试点工作以来,各地交通运输部门、交通企业纷纷着手解读政策、分析适用性、筛选合适的项目。截至 2022 年 5 月,全国共有 12 个项目成功发行 REITs,涉及高速公路、物流园区、工业园区、水务等领域,募集资金总规模 458.12 亿元。其中,交通运输项目 6 个、占已发行 REITs 数量的一半;募集资金规模 326.78 亿元,占市场总募集资金规模的 71%。6 个交通运输项目中,高速公路项目 4 个(沪杭甬杭徽高速公路、广州交投广河高速公路、华夏越秀高速公路、华夏中国交建高速公路)、仓储物流项目 2 个(深圳盐田港、普洛斯物流园区),具体发行情况见表 7-2。据笔者跟踪了解,目前国铁集团广珠城际铁路、沪汉蓉铁路湖北段、粤海铁路轮渡,中国铁建渝遂高速公路、湖南高速吉茶高速公路、宁夏交投等陆续公布启动 REITs 发行准备工作。

已发行 REITs 交通运输项目基本情况　　　　表 7-2

基金名称	募集资金规模(亿元)	发行价格(每份)	基金存续期(年)	战略配售比例			网下投资者认购比例	公众投资者认购比例
				总计	原始权益人及关联方	专业投资者		
沪杭甬杭徽高速公路 REITs	43.6	8.72	20	74.3%	52.828%	4.015%	21.9%	3.8%
广州交投广河高速公路 REITs	91.14	13.02	99	78.97%	51%	27.97%	16%	5.03%
深圳盐田港 REITs	18.4	2.3	26	60%	20%	40%	28%	12%

续上表

基金名称	募集资金规模（亿元）	发行价格（每份）	基金存续期（年）	战略配售比例 总计	战略配售比例 原始权益人及关联方	战略配售比例 专业投资者	网下投资者认购比例	公众投资者认购比例
普洛斯仓储物流REITs	58.35	3.89	50	72%	20%	52%	22.4%	5.6%
华夏越秀高速公路REITs	21.3	7.1	50	70%	30%	39%	21%	9%
华夏中国交建高速公路REITs	93.99	9.399	40	75%	20%	55%	17.5%	7.5%

资料来源：笔者根据网上公开信息整理所得（截至2022年5月底）。

三、REITs在交通运输领域市场前景分析

交通运输领域中，REITs市场规模主要取决于符合REITs上市条件项目资产规模、企业对REITs态度以及决定交通企业决策是否开展REITs的影响因素。

（一）市场规模及交通企业态度

为深入观察REITs交通运输市场规模，笔者基于行业数据进行了大致测算分析。从存量项目满足REITs发行要求规模看，尤其是财务收益率水平要求[①]，以高速公路领域为例，经评估分析，全国大约有不到200个项目满足要求，涉及里程1.2万公里，资产规模在

---

① 按照《国家发展改革委办公厅关于做好基础设施领域不动产投资信托基金（REITs）试点项目申报工作的通知》（发改办投资〔2020〕586号），净现金流分派率（预计年度可分配现金流/目标不动产评估净值）大于4%的为符合要求。

7000亿元左右。

为进一步了解交通企业作为REITs发行主体的意愿,笔者组织开展了实地调研和问卷调查工作,调研对象涉及中央和省市级交通企业,重点围绕REITs积极作用、发行REITs的意图、适合开展REITs的项目类型等方面进行讨论。得出结论如下:

一是从REITs优劣势情况看,交通企业普遍较为看重REITs在盘活存量资产、筹集项目资金本、增加上市平台、拓宽企业融资渠道方面的优势;同时也认为当前REITs发行申报工作存在着政策框架、交易结构、产权转让等方面的困难和障碍,需要进一步完善。

二是从交通企业发行意图看,一方面积极响应政府政策引导和号召;另一方面企业积极参与REITs的探索尝试,可增加企业融资渠道和路径,同时早期参与者在政府部门制定政策过程中还能充分反映企业的诉求。

三是从适合开展REITs项目类型看,交通运输行业经营性项目涉及高速公路、仓储物流、港口码头、综合交通枢纽(如轨道交通枢纽、高铁客运站等)、交通新基建、公路服务区商业综合体、客运铁路(含高铁、城际铁路)、货运铁路、城市轨道交通和其他(如停车场等),交通企业普遍认为高速公路、仓储物流和港口码头这3类项目最为适合发行REITs。

此外,交通企业也提出了相关建议,建议相关部门应更多聚焦于完善相关制度、政策和机制,进而充分发挥REITs作用,顺利推进REITs的实践;避免过度监管或者对不同类型资产的"一刀切"监管方式,提高REITs市场行为的属性和活力;允许高速公路主线与服务区等服务设施分项投资、分项发行REITs等。

(二)交通企业决策影响因素

交通企业在决策时是否会运用REITs这项工具取决于多重因素的影响。根据调研了解,主要因素包括:企业所持资产整体收益状况和水平,企业不同融资方式成本、效率比较,发行REITs对企业财务及未来融资影响,企业拟投资新项目计划等。这些因素都将直接影响交通企业发行REITs的意愿。

结合交通运输行业实际情况,收益较好的交通存量项目都是企业的"压舱石"优质资产,是整个企业滚动有序开展投融资的重要基础,让其让渡优质资产所有权,企业往往缺乏足够动力;而效益欠佳的高速公路往往又无法达到基础设施公募REITs底层资产的筛选标准。因此,从已发行REITs产品结构看,交通企业在发行REITs后仍持有较大比例份额,在整个项目中持有实质性的控制权。

值得肯定的是,REITs的提出,为交通基础设施资产持有人提供了一条新的权益型融资路径,为交通企业市场化融资提供了一个有益的补充方式。未来发展如何,还需多方共同努力营造良好的市场环境,并不断达成统一共识。

四、REITs在交通运输领域运用中的积极定位

(一)REITs不能解决交通运输行业政府端债务问题

高速公路行业债务从债务举借主体角度,可以分为政府端债务和企业端债务。其中,政府端债务主要是政府还贷高速公路下的债务,包括政府建设高速公路项目筹集的资本金以及项目融资部分的

债务,既有过去遗留下来的银行贷款债务,又有2017年发展收费公路专项债券制度下的专项债券本金和利息债务;企业端债务是指因投资高速公路等基础设施项目所举借的债务,包括项目贷款、企业主体贷款等。根据REITs制度,只有企业作为发行人拿出经营性项目作为底层资产才能发行公募REITs。因此,企业发行REITs的资产不属于政府资产,REITs筹集的资金与政府债务无关,能用来偿还企业端债务,但不能解决高速公路行业政府端债务。

(二)REITs为交通企业提供了一种新型资产循环盘活工具

公募REITs应用于交通基础设施,可以为交通企业盘活存量资产、实现投资循环提供的新路径,出售存量资产回收资金投向新项目,打通了"投资—运营—退出—再投资"的完整链条,形成投融资闭环;可以为企业业务扩张筹集项目资本金提供新的思路,资本金筹集是企业面临的难题,发行公募REITs回收资金可作为新项目的资本金;可以为企业从重资产发展向轻资产运营转型提供新的方向,企业在公募基金中持有一定比例的战略配售,视企业需要用少量资金控制项目,并按照委托代理关系仍对项目进行运营管理;可以为企业提供一种新的融资平台,今后可不断将优质资产注入该平台上市实现逐步退出。因此,公募REITs为公路经营企业提供了一种新型资产循环盘活工具。

(三)REITs市场空间多大取决于多重因素影响

未来包括高速公路在内的交通基础设施公募REITs市场发展空间到底有多大?这取决于多重因素影响。在当前国家初步构建REITs制度框架下,原始权益人交通企业层面权衡各方因素所做出的发行 REITs 意愿是核心。主要因素包括：企业手中所持有"资产池子"中项目整体收益状况和水平；企业结合自身情况综合评估发行公募 REITs 与其他融资方式的成本、效率等优劣势比较；发行公募 REITs 对企业财务报表及未来融资的影响；企业发展方向及可投资新项目的收益预期等。这些因素都将直接影响交通企业发行 REITs 的意愿。除此之外，影响交通基础设施公募 REITs 市场的因素还包括：税收、国有资产转让等 REITs 配套政策完善情况；资本市场对交通基础设施底层资产质量评估及未来收益的预期；REITs 二级市场流动性；行业政策稳定性对收益预期影响等。

（四）REITs 促进企业负债率降低只是附带产品而非核心动力

具备发行公募 REITs 条件的高速公路项目均为优质资产，资产持有人交通企业也多为优质企业，具备较强的市场融资能力，即便企业资产负债率较高，也可以通过 ABS、债转股等其他金融工具以更为灵活低成本的手段进行盘活，进而降低资产负债率。根据对沪杭甬公司、渝遂高速重庆公司调研，这两家企业探索发行 REITs 更多关注的是 REITs 所具有的"金融牌照"。以渝遂高速重庆公司为例，探索发行 REITs 主要是基于两个方面考虑：一是通过渝遂高速公路项目发行 REITs 打开其母公司中国铁建股份有限公司整体新的金融融资通道，获取 REITs "金融牌照"。在通过渝遂 REITs 搭建新的融资平台后，可以通过股东大会表决扩募的形式将其他需要盘活的基础设施资产装入该融资平台中，打通一条新的盘活资产融资方式。二是中铁建重庆公司作为首批申报单位，能参与基础设施公募 REITs 申报发行参与 REITs 整体政策协商和制定，将政策尽可能向有利于企业发展方向引导,比如对 REITs 监管尺度提出相应建议等。因此,公募 REITs 促进企业负债率降低只是附带产品而非核心动力。

(五)REITs 是交通企业市场化融资的有益补充

基于以上分析,公募 REITs 的提出,为高速公路等交通基础设施资产持有人提供了一条新的权益型融资路径,为交通企业市场化融资提供了一个有益的补充方式,在短期内尚不能成为交通企业市场化融资的主要方式。未来发展如何,还需多方共同努力营造良好的市场环境,并不断达成统一共识。

五、加快推进交通运输领域 REITs 的有关建议

(一)找准运用领域及项目

对于收益稳定且有资产增值的项目,用 REITs 盘活会得到资本市场的认可。交通运输行业中建成通车已有一定年限的高速公路,具有收入稳定且增长趋势易于预测特点,是当前我国 REITs 申请的重要领域;除此之外,客流量充沛、经营效益较好的干线铁路和城际铁路,带有部分房地产商业开发等运营增值空间的公路、轨道交通、铁路站场、综合场站和物流枢纽,以技术创新为驱动、经孵化后不断成熟、投资效益显著的交通新基建项目等均可作为 REITs 运用领域。其核心,一方面项目要收益稳定且风险分散,有较好市场成长空间,从而被资本市场各类投资者认可;另一方面项目公司还因有其他投资目标进而有盘活存量资产的需求。在供给和需求相匹配情况下,REITs 产品才容易成功发行。

(二)完善配套政策支持

REITs在我国是一个新生事物,也是一种长期性的制度安排,需要不断摸索实践,完善相关法律法规和配套制度。针对REITs应用中的政策趋向、法规要求、操作程序、税收优惠、国有资产管理、权益转让等核心问题,建议做进一步深入系统研究,为政策完善提供支撑。具体包括:一是在税收方面,建议在财政部、国家税务总局已出台REITs的税收相关政策基础上,进一步针对重复征税、部分过高负税问题出台税收中性、税收减免等鼓励性政策,增强原始权益人的发行意愿。二是在交易结构方面,中国证监会牵头探讨简化公募REITs的交易结构,从而帮助缓解原始权益人在发行过程的税负过高问题,优化发行过程的烦琐流程,降低发行人的发行时间成本。在治理结构方面,应解决现行照搬海外REITs的治理机制给中国基础设施公募REITs带来的基金管理人和原始权益人权责不对等问题,从长期考虑,逐渐调整完善公募REITs的治理机制,确保REITs各方的权责对等,明确各方参与者的角色。在资产筛选及估值方面,建议研究发布底层资产筛选和估值方法,保证原始权益人和投资人的信息对等,保障投资人的权益问题,同时也为原始权益人REITs申报工作提供指导。三是在资产合法合规性方面,在已有政策基础上出台系统的合法合规性政策,帮助原始权益人在申报REITs之前准备好合法合规性相关材料,提升REITs申报审批工作的效率。四是在试点范围方面,建议将资产扩容至高速公路等基础设施商业性不动产。随着近年来基础设施与产业融合发展,大量基础设施包括其他的商业性不动产,将这类资产打包在一起,可以构建一个资产包、构建优质的资产生态大循环。在首批试点基础上,国家发展改革委应积极研究将资产扩容至基础设施商业性不动产,比如高速公路服务区商业综合体、轨道交通 TOD 开发内容等,进而对基础设施公募 REITs 市场范围进行不断扩容,同时可结合中国国情,明确要求盘活存量资产回收资金不能流入住宅开发业务中。

(三)积极稳妥推进试点

近两年在国家发改委和证监会联合推动基础设施 REITs 工作下,不少交通企业纷纷着手研究并储备 REITs 项目。为更好推进 REITs 在交通运输领域的运用工作,建议在交通运输行业内组织有关座谈研讨,分析各类交通基础设施项目的特点和规律,探讨试点过程中存在的障碍和困难,总结有关经验做法,以便完善政策,推动项目尽快落地见效并在交通运输行业内有效推广运用。

PART 4
案例篇

第八章 典型交通投融资案例

本章选取高速公路项目间打捆实现"肥瘦搭配"、轨道交通+土地综合开发、水运航道 PPP 模式、河道"综合治理+砂石开采"、高速公路服务区资产证券化、"产城融合基础建设+矿产开发"等九个行业内外具有代表性的基础设施投融资案例,分别从项目基本背景、基本情况、实施内容和实施亮点等方面深入剖析,归纳总结各个案例实施亮点,为各地探索创新交通投融资提供更好的参考和借鉴。

一、案例:深圳地铁 4 号线"BOT + TOD"

深圳是我国改革开放的前沿,是中国特色社会主义先行示范区,于 2002 年开始在城市轨道交通领域利用市场各类主体参与轨道交通的投资、建设和经营,并在轨道交通沿线土地开发、推行特许经营制度等方面进行了有益的探索和实践,为近十多年来我国各城市践行轨道交通投融资模式创新发挥了先行示范作用。尤其是深圳地铁 4 号线,是我国轨道交通领域第一条采用 BOT 模式实施的项目。

(一)项目基本背景

深圳地铁 1 号线、2 号线和 3 号线由深圳市财政和项目沿线各区财政等多元政府主体共同拨付资金(还有部分中央财政资金),剩余部分通过组建轨道交通项目公司由项目公司进行银行贷款筹集。政府负责土建工程的建设,建好后无偿或有偿租给该项目公司,将车辆、信号、轨道、机械设备等交由项目公司招标、购置、安装、调试;项目公司在特许经营期内负责轨道交通的运营、维护,并自负盈亏。政府在运营前期给予一定的运营补贴。特许经营期满后,项目公司将资产无偿转让给政府。

自深圳地铁1号线、2号线、3号线投入建设后,深圳市出台了《深圳市综合交通与轨道交通规划》和《深圳市城市轨道交通建设规划》等规划,中期规划要新建8条线路、总长度178公里,总投资为555.2亿元;远期规划新建13条轨道交通线路,总长度约365公里,投资额超过1000亿元,加上运营补贴、设备更新改造,总投资额超过2000亿元。在未来10年或者更长的时间内全部由政府财政支付,政府承受的财政压力非常大。如何筹措资金将是深圳城市轨道交通建设面临的一个严峻问题。深圳地铁4号线一期工程3.93公里,2004年年底通车,续建工程(二期工程)长16公里,投资额约60亿元。因此,深圳市发改、交通等部门从4号线二期工程开始积极探索轨道交通投融资模式创新,寻找新型轨道交通投融资经营模式,改革原有的投资体质和运营机制。

2002年下半年,深圳市发展改革局(现深圳市发展改革委)与境内外投资人进行了一系列投资意向洽谈,并重点确定香港地铁有限公司(简称"港铁公司")作为战略投资者。2003年上半年,深圳市政府同意开展引入港铁公司以BOT模式投资建设深圳地铁4号线的工作并签署合作备忘录。经过一年多谈判,双方在2004年年初签订了《关于深圳市轨道交通4号线投资建设运营的原则性协议》,并于2005年5月草签了《深圳轨道交通4号线特许经营协议》及其他相关协议。

(二)项目基本情况

深圳地铁 4 号线二期工程全长 16 公里,投资额约 60 亿元,起点站为少年宫站,终点站为龙华新城中心站。深圳市引入港铁公司作为战略投资者,由港铁公司负责 4 号线二期工程的全部投资,同时为保障 4 号线的统一运营,4 号线一期工程(皇岗口岸站—少年宫站)租赁给港铁公司运营管理,具体是以授予特许经营权的方式由港铁公司投资、建设、运营和管理深圳地铁 4 号线 35 年(其中建设期 5 年、运营期 30 年)。4 号线建成后与香港九广铁路落马洲支线实现无缝接驳。

由于城市轨道交通项目投资成本高、盈利性低,尤其是运营初期面临较大亏损风险,项目融资困难,深圳市政府给予港铁公司一次性财政补助,同时借鉴香港做法,将 4 号线沿线场站周边综合开发范围内的土地一级开发权及特定土地二级开发权授予港铁公司,具体是港铁公司以协议出让方式取得总可售建筑面积为 290 万平方米的沿线若干地块,并支付地价,深圳市按照约定的土地交付标准与期限向项目公司提供开发地块,港铁公司以土地开发收益平衡轨道交通项目的建设投资和运营亏损。深圳地铁 4 号线实施流程如图 8-1 所示。

(三)项目实施主要内容

深圳市政府与港铁公司双方于 2004 年初开始就土地开发模式、监管、风险防范等重要内容进行了谈判,最终签署了《深圳轨道交通 4 号线特许经营协议》。

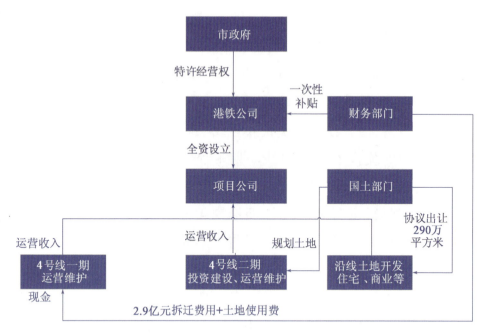

图 8-1　深圳地铁 4 号线实施流程图

在轨道交通建养方面,港铁公司负责轨道交通 4 号线二期工程投资、建设、维护、运营和管理。在规定线路后,港铁公司以资本金出资和贷款融资等方式筹集资金,对相关线路的设计、招标、施工和设备采购,独立承担 4 号线二期工程所有站点、线路的建造费用,机车等设施的购置费用。除此之外,还包括 4 号线一期工程(皇岗口岸站—少年宫站)的维护、运营和管理,包括须自负费用对一期设施进行必要的维修、改造、建设、添附、更新、重置等。

在沿线土地开发方面,港铁公司获得 4 号线沿线 290 万平方米建筑面积的物业开发权。4 号线通过以假设开发法(剩余法)进行地价评估,得出结论,因轨道交通开发带来的地价增值大约是总地价的 40% 左右。并且以 40% 的地价增值作为轨道交通建设融资的标准,并据此在站点周围划定了用地范围,范围包括了轨道交通的线路用地。港铁公司通过以公开招标、拍卖或挂牌方式选择房地产发展商,拍卖所得地价的60%上缴市政府,40%用于4号线建设融资。

在运营方面,运营服务标准遵循深圳市的法律法规制度,票价符合深圳市的经济发展水平;港铁公司在保证设备的维护、保养、折旧和更新的同时,也需要保证深圳地铁和香港地铁在运营服务上的无缝衔接,在机车维护设施和设备上的资源共享,在调度和管理上的有效沟通。

在移交方面,深圳政府与香港地铁约定轨道交通4号线的移交协议,在运营期满30年后将根据实际情况决定是由港铁公司继续运营还是移交政府或其他轨道交通运营商运营,并规定了移交工程的具体质量要求。

(四)项目实施亮点

1. 引进市场投资者参与,减轻财政压力,发挥市场优势

尽管深圳市轨道交通二期工程总投资仅涉及60亿元,但深圳市整个中远期轨道交通网络投资规模庞大,引入港铁公司可以免除政府在4号线上的现金投资以及30年的运营亏损补贴。地方财政可以将省下来的资金投放于其他线路或者其他基础设施建设上。同时,也可以发挥港铁公司在资金、技术、管理、土地开发等方面的优势以及先进理念和经验。

2. 优化设计投融资结构,推进轨道交通投融资改革

在深圳地铁4号线投融资结构设计中,政府只负责征地拆迁、安置、管线改迁等方面的工作,项目全部融资、投资、建设和运营管理,以及项目风险都由港铁公司承担,探索轨道交通系统多元化投资的

新模式,促进了轨道交通投融资建设市场化发展,推进了轨道交通投融资改革。

3.将轨道交通建设与城市规划紧密结合,实现项目外部效益内生化

在一些城市,由于轨道交通规划落后于城市规划,就会造成土地增值效益为沿线土地开发商所有,政府难以得到该部分的效益,而且,有时在建设中还需要向沿线物业所有者和经营者支付不菲的补偿。为了避免上述情况,深圳地铁4号线在规划、投资机会研究和谈判过程中,深圳市政府与港铁公司达成的主要协议有原则性协议、特许经营协议、租赁协议、土地协议、运营协议等,始终坚持以"效益深圳"为核心,主要体现在商业风险由项目公司承担,协议一经签订,市政府除了按约定提供沿线开发用地之外不再需要提供其他补贴。给予港铁公司足够的自由度和发展空间,发挥"地铁+物业"和市场化经营的优势,充分贯彻了"三同步"的理念,也就是,城市规划与轨道交通规划同步,引入战略投资者与轨道交通前期准备工作同步,轨道交通建设、运营、移交规划与监管方案同步。

(五)小结

深圳地铁4号线二期工程是我国轨道交通领域第一个采用"BOT+TOD"模式实施建设的项目。这对加快深圳市轨道交通建设,缓解政府投资压力,突破资金瓶颈,改善城市投资环境具有重要的现实意义。同时,该项目采用轨道交通建设运营权和沿线土地开发权的捆绑建设模式,有效减轻了政府财政资金压力,同时社会资本也获得了一定的商业回报,实现轨道交通项目和企业投资经营进入良性循环。该模式为我国近十多年来各城市实践轨道交通"BOT+

TOD"开发、推进投融资可持续发展起到了重要的示范效应和标杆作用。

二、案例:佛山地铁 2 号线一期工程"BOT + TOD + EPC"模式

(一)项目基本背景

佛山是华南地区经济最活跃的地区之一,也是全国经济实力和发展竞争力排名前列的城市。强劲的经济发展自然使政府领导和群众对轨道交通建设提出了更高要求。在积极实施"广佛同城"、产业转型、强中心等战略发展需求下,同时受到土地资源日益短缺、财政资金有限等限制,佛山市政府及有关部门提出要用多维度、跨专业、高度融合的方法来破解轨道交通与城市融合发展难题。

2012 年,佛山市政府就提出利用沿线土地开发支持轨道建设的思路。2013 年开始,佛山市政府就佛山市城市轨道交通二号线一期工程项目(以下简称"佛山轨道项目")陆续与多家社会投资人进行洽谈沟通,并与中国交通建设集团有限公司(以下简称"中国交建")、南车青岛四方机车车辆股份有限公司(以下简称"南车四方")达成了初步合作意向,双方签署了意向性框架协议。2014 年 2 月,通过公开招标确定社会资本,签署特许经营协议。

(二)项目基本情况

佛山市城市轨道交通二号线一期工程,东西走向,起于佛山南

庄,与广州南站相接,经过佛山禅城区、顺德区、南海区和广州番禺区,线路全长32.4公里。其中高架段6.4公里,地下段25.3公里,过渡段0.7公里。设车站17座(地下14座,高架3座),其中换乘站10座。平均站间距2.01公里,最大站间距4.05公里(花卉世界—仙涌),最小站间距0.99公里(石梁—湾华)。全线设林岳综合维修基地1座,设湖涌停车场1座,新建石湾和花卉主变电所2座以及与3号线共用的湾华控制中心。初、近、远期采用6辆固定编组运营组织方案,系统最大设计能力30对/小时。最高运行速度为100公里/小时,牵引供电制式采用DC1500V架空接触网。二号线一期工程项目总投资约198亿元,计划建设期5年、运营期25年。

为促进佛山市城市升级、满足轨道交通投融资可持续发展要求,佛山轨道项目采用BOT模式实施,并通过"轨道交通＋物业开发"的方式,利用沿线土地TOD综合开发收益,弥补轨道项目建设和运营的资金短缺。2014年2月,中国交建与佛山市轨道交通发展有限公司(以下简称"佛山轨道")和南车四方组成项目联合体,以现金出资方式组建项目公司,即中交佛山投资发展有限公司(以下简称"中交佛投"),项目公司与广东省佛山市政府签署了佛山市城市轨道交通2号线一期工程BOT特许经营协议。各方出资比例为:中国交建56%,佛山轨道34%,南车四方10%。项目总投资预计约390亿元,其中轨道项目建设投资估算约198亿元,TOD项目投资估算约192亿元。

在项目运作中明确划分各方职责,中国交建作为国内实力比较强的施工方,主要承担项目的施工;南车四方作为轨道交通车辆配套商之一,负责车辆的制造、提供以及保养维护;佛山轨道负责项目建设后的运营管理。

(三)项目实施方案

佛山市城市轨道交通 2 号线一期工程采用"BOT + TOD + EPC"模式建设,BOT 即为建设—经营—移交的项目建设模式,TOD 即以公共交通为导向的土地一级和特定土地二级(简称"TOD 项目")综合开发模式,EPC 即为设计—采购—施工的工程总承包方式。其中,TOD 运作模式,政府依法授权项目公司负责轨道项目各站场周边 800 米范围指定区域内(简称"TOD 范围")的土地进行一级开发(包括土地平整及基础设施建设等),政府鼓励项目公司依法参与 TOD 范围特定土地二级开发竞争,对依法取得的特定土地进行二级开发。

在轨道项目建设运营方面,通过特许经营权招标,吸引社会资本参与轨道交通工程的投资、建设和运营以及 TOD 综合开发,剥离轨道交通债务资金与政府财政的关系,利用 TOD 综合开发的高额收益,弥补轨道交通项目建设和运营资金缺口,减轻政府的财政压力,降低政府的债务负担。

在 TOD 开发方面,通过将沿线 800 米范围内、4400 多亩[①]土地交由项目公司进行一级开发,签署土地一级开发协议。项目公司通过土地一级开发整理,通过政府公开招拍挂程序,通过财政、土地部门流转,将土地增值部分以财政资金支持的方式支持轨道建设,即通过一级开发土地来支持轨道建设投资。土地二级开发主要是佛山林岳西 TOD 和佛山湖涌 TOD 两个项目。TOD 开发通过规划设计和地铁物业相结合,由项目公司自己开发,也引入一些知名品牌开发商进行合作开发或者委托开发。引入品牌投资人的好处在于:一

---

① 1 亩 = 666.6 平方米。

方面,项目公司可以解决一部分资金问题;另一方面,作为轨道建设项目公司,在房地产开发方面缺乏经验,大型品牌开发商无论是在房地产运作经验以及品牌价值方面都能起到很好的作用。项目公司通过这种开发模式获得可持续稳定的物业收益,支持、平衡项目公司潜在的运营亏损。

> **专栏:林岳车辆段 TOD 项目介绍**
>
> 林岳车辆段 TOD 综合开发项目位于佛山市南海区桂城街道三山林岳片区,占地约 560 亩,总投资约 52 亿元,采用"上封顶,下实计"的方式运作,建设内容主要包括林岳车辆段盖体、上盖高层物业在盖下同步实施工程及周边同步实施道路。盖体首层为配套停车位,二层为佛山地铁 2 号线林岳车辆段。上盖可开发面积约 23.7 万平方米,规划有商业、住宅、九年一贯制学校及体育公园等公共配套设施。
>
> 该项目于 2014 年启动设计研究,2017 年签订框架协议,经过多方努力,目前正式签订合同,该项目建成后将极大削弱地铁车辆段对城市的割裂效应,改善车辆段周边基础设施条件及城市环境,提升片区土地开发价值,片区将更加宜居宜商。

佛山市城市轨道交通 2 号线实施路径见图 8-2。

(四)项目案例亮点

1.构建稳定的轨道交通市场化投融资模式

佛山地铁 2 号线一期工程采用"BOT + TOD + EPC"的模式,充分借鉴深圳地铁 4 号线的模式,吸引优质社会资本授予特许经营权,充分利用沿线 TOD 综合开发资源,让社会资本参与轨道交通建设运营和土地开发,通过资源资产化、资产资本化运作,通过土地一级和二级开发,筹集轨道交通建设和运营补亏资金,形成一个分阶段、分层次的平衡机制,实现社会经济效益最大化,构建了稳定的轨道交通市场化投融资模式。

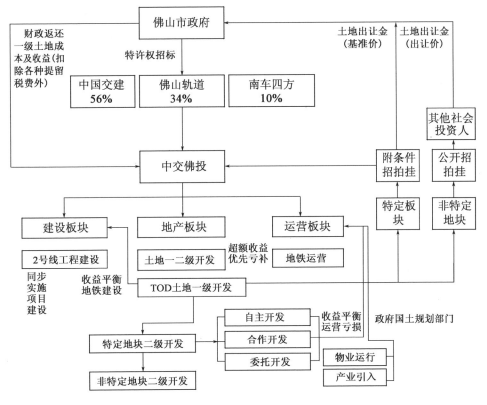

图 8-2　佛山市城市轨道交通 2 号线实施路径

2. 发挥企业市场化运作优势,减少政府直接财政投入

通过引入优质的社会资本,充分发挥其在资金、技术、管理等多方面的优势。通过授权给予企业自主开发权,提高企业自主经营的积极性和效率,提高轨道交通的融资能力,建立安全可靠的资金链,减少政府直接财政投入,使轨道交通走上可持续发展道路。

(五)小结

随着香港、深圳、佛山、杭州、成都等越来越多城市在轨道交通领域采用"BOT + TOD + EPC"模式进行轨道交通工程投资、建设和运营管理,用轨道交通项目沿线站场周边TOD综合开发范围内的土地一级开发收益及特定土地的二级开发收益平衡轨道交通项目的建设投资和运营亏损,已积累了较为成熟的经验做法。但仍有一些城市存在着土地一级、二级开发无法弥补轨道交通建设和运营资金缺口的情况,这就需要在轨道交通项目建设必要的基础上,充分发挥政企银研等多方力量,做进一步研究探索。

三、案例:河北省邢台市大沙河"综合治理 + 砂石开采"项目

(一)项目基本背景

水运作为综合交通运输体系的重要组成部分,具有运量大、占地少、能耗低、污染轻、成本低的比较优势,是经济社会发展的重要基础性产业,也是较早上升为国家战略的先行行业。但近年来水运项目尤其是航道建设因无收益来源、地方财政收入趋紧、国家加强政府债务风险防控等原因,资金来源缺乏、投融资创新难度大,各地水运建设推进速度较为缓慢。2017年,河北省邢台市推出了大沙河"综合治理 + 砂石开采"模式,采用"以河道砂石资源换取河道治理"市场化运作方式,以"资源"换"资金",变"竞价"为"竞优",有效破

解了河道工程建设资金筹措难等问题。该模式对我国各地水运项目投融资创新具有一定借鉴意义。

(二)项目基本情况

河北省邢台市大沙河综合治理项目治理河段全长为31.7公里,工程起点位于金牛洞,终点位于石武高铁以下1公里处。其中新建两岸堤防11.0公里,加高培厚38.7公里,堤防基础面清表面积4596.0亩,绿化硬化堤顶66.2公里。河道综合治理工程建设估算投资约9亿元。计划建设工期3年。

据测算,大沙河邢都公路桥以西砂石资源约1亿立方米,价值约10亿元。将河道综合治理与砂石资源打包推向市场,以大沙河金牛洞至桥西区西界砂石资源8年开采权(2017—2025年),即中标的社会资本利用规定范围内开采砂石资源获得的收益,覆盖大沙河治理工程建设费用。2017年8月,邢台市水务局通过竞争性磋商方式,确定由中冶节能环保有限责任公司和宸宇建设集团有限公司组成的联合体以"向政府上缴收益金1亿元,同时投入治理资金9亿元"的价格中标,取得了大沙河采砂权,同时承担规划确定的全部河道的治理任务。

(三)项目实施主要内容

1.项目招标前资源评估

邢台市水务局首先委托具有价格评估资质的第三方机构依据《中华人民共和国资产评估法》及有关规定,对开采区的砂石资源进行现场勘验、市场调查,并对砂石资源经营收益进行评估,然后通过竞争性磋商的方式选择社会资本。中标企业在开采砂石资源的同时，必须同步进行河道清淤、堤防加固和岸边绿化。

2. 项目评标标的设计

为避免"最低价中标"可能导致的恶性竞争，保证大沙河综合治理工程能够高起点实施、高标准建设，避免出现工期拖延、偷工减料、质量低劣等标准低问题，最大限度地降低工程建设风险。邢台市在社会资本招标环节中，采取竞争性磋商方式和综合评分办法，明确设定了"向市财政上缴收益金5000万元以上、提交项目总投资3%的履约保证函"的投标门槛条件，参与竞争的社会资本在此最低门槛条件基础上往上报价，确保资质好、实力强的企业中标。

3. 项目资源打捆设计

为解决巨额治理项目建设资金问题，邢台市坚持用改革思维引领治理工作，大胆把政府性资源、公共性资源、间接性资源等转化为可直接利用的经济资源，采取"河道砂石资源化、工程建设市场化"的运作模式，将邢都公路桥以西约4000万立方米砂石资源推向市场，以砂石资源开采权置换大沙河综合治理项目资金，盘活了河道砂石资源，破解了河道治理资金筹措难的问题，开创了大沙河治理新篇章。

最终，该项目确定由中冶节能环保有限责任公司和宸宇建设集团有限公司联合体中标承建，不仅实现了政府不用投资也能完成河道治理工程，而且市财政还收益1亿元，落实了治理工程设计和监理费用，解决了河道治理工程建设质量"保障难"问题。同时，为提高工程建设质量，还采用了试点先行的办法，选定钢铁路大沙河桥上游("7·19"暴雨洪水出险段)作为河道治理项目的试验段,中标企业高标准完成了试验段建设任务,对整个工程建设起到了示范作用。

(四)项目实施亮点

1. 河道采砂与整治项目打捆后采用PPP模式

其优点主要有以下几个方面:①政府可实现河道防洪、清淤及生态治理等目标;②政府可利用社会企业的力量和资金减少财政支出,同时企业也有一定收益;③应用该模式可解决当地资源消耗、外调等问题。总之,PPP模式在河道采砂与整治项目中的应用,盘活了河道内的砂石资源,也有力推动了河道整治,可实现资源和资金利用最大化,一举多得,值得推广。

2. 利用资源置换来吸引社会资本参与投融资

邢台市在大沙河综合治理试点中将河道采砂权转让给企业,企业在负责实施河道治理工程的同时可以通过出售砂石资源以每吨砂石30~50元的利润在市场中获利,极大地激发了企业参与的积极性。此外,企业为了维护自身利益不受损失,自发建立了河道砂石资源管护体系,解决了河道治理和砂石资源管护主体不明的问题,为砂石资源找到了"主人"。在政府与市场合作过程中,进一步发掘了水利项目经济价值,以政府为主导建立权责利边界清晰的合作机制,创新工程规划、投资、建设和管护模式,在维护和落实政府在规划、制度建设、监管等职责同时,合理界定和出让水资源、砂石等的开发权和经营权,激发社会资本参与水利工程建设。

3.厘清政府与市场边界,实现政府与社会资本的长期稳定合作

邢台市转变政府角色,主要负责项目的顶层规划及执行监管,由企业负责治理工程设计、建设、运营和维护,取得了良好成效。政府坚持"谁投资、谁决策、谁受益、谁承担风险"的基本原则,全面落实企业的投资决策权,使企业成为投资收益和风险承担的主体,建立利益与风险分担机制,构建良好投融资环境与宏观调控体系。

(五)小结

大沙河综合治理工程以"资源置换投资"的模式作为项目支撑,成为近年来邢台市单体投资最大的水运项目,对我国水运项目有很大的借鉴意义,尤其是一些航道建设项目自身及沿线有待开采的砂石资源。以"资源"换"资金"的方式,将政府性资源、公共性资源、间接性资源等转化为可直接利用的经济资源,推进水运建设投融资创新发展。

四、案例:湖南省高速公路 PPP 项目"肥瘦搭配"模式

(一)模式实施背景

近年来,新建高速公路项目不少为公路网的加密线,地处山区,造价高,通车后培育期车流量不高,项目经济效益较差。为了实现高速公路项目资源合理分配,努力化解投资利润低、债务风险大、施工难度大等多方面风险,部分高速公路项目只能通过财政支出的方式去实施建设,这样加大了财政压力。

近年来,各地财政收支矛盾突出,能用来补贴高速公路缺口的资金也较为有限。因此,将单独一个高速公路项目按照 PPP 模式实施推进有很大的难度。在此背景下,一些省份创新融资思路推进高速公路建设,探索实施将几条高速公路项目按照"肥瘦搭配"的方式捆绑打包合并实施,也就是将经济效益较好的高速公路项目与经济效益较差的项目打包招标,有效缓解筹资难题。其中,湖南省就在 2020 年开始采用 PPP、BOT"打捆招商""肥瘦搭配"组合模式,充分吸收社会资本并有效利用国家资金支持,有效化解高速公路建设资金制约。2021 年新开工的醴娄捆绑沅辰、永新、永清、临连、永零、茶常、白南、炉慈捆绑桑龙,益常扩容捆绑城龙,新新捆绑张官等 14 个项目按照"肥瘦搭配"思路,采用 PPP、BOT 模式实施建设,预计筹资达 1800 多亿元。

(二)项目基本情况

1. 醴娄捆绑沅辰、永新高速公路

项目为上海至昆明国家高速公路醴陵至娄底段扩容工程 PPP 项目捆绑沅陵至辰溪、永州至新宁高速公路项目。三条高速公路累计里程约 308 公里,估算总投资约 468.34 亿元。其中,上海至昆明国家高速公路醴陵至娄底段扩容工程为交通运输部重点项目,可申请交通运输部车购税专项资金给予补助,在 PPP 项目中车购税资金用于政府资本金注入、建设期投资补助,项目财务效益较好。沅陵至辰溪、永州至新宁高速公路均位于湖南省西部偏远地区,施工难度较大且财务效益差,单独采取 BOT 模式难以吸引符合条件的社会资本参与项目建设。为此,湖南省交通运输厅将醴陵至娄底高速公路扩容工程采用"政府特殊股份+使用者付费+建设期投资补助"模式运作,与沅陵至辰溪和永州至新宁高速公路采用BOT模式进行捆绑打包,分成三个项目包进行社会资本招标。2019年11月,湖南省交通运输厅通过公开招标方式,选中湖南省高速公路集团有限公司作为上述三个项目的社会资本方,并且分别与政府出资人代表组建了三个项目公司,即湖南省永新高速公路建设开发有限公司、湖南省沅辰高速公路建设开发有限公司和湖南省醴娄高速公路建设开发有限公司。

2. 新新捆绑张官高速公路

项目为G59呼北高速公路新化至新宁段捆绑张家界至官庄高速公路,总投资金额约为433.76亿元。

其中,G59呼北高速公路新化至新宁段是国家高速公路项目,路线总体呈南北走向,起点与新溆高速公路相接,终点与洞新高速公路相接,是G59呼和浩特至北海高速公路的重要组成部分。估算总投资约272.74亿元,建设工期4年,路线全长约190.8公里。

项目设定最低资本金约76.37亿元,占估算总投资的28%。其中,政府方出资约37.42亿元,占股49%,社会资本方出资约38.95亿元,占股51%。申请车购税补助资金约66.59亿元,其中约37.42亿元作为政府方出资的项目资本金,约占投资总额的13.72%,剩余项目资本金由社会资本方负责投入,约29.17亿元作为建设期投资补助。其余资金由融资资金(银行贷款等)解决,融资资金占项目估算总投资的61.30%,约167.20亿元。

张家界至官庄高速公路为国家高速公路项目,路线呈南北走向,起于张家界市,终于沅陵县官庄镇,为G59呼北高速公路的一段,也是湖南省"七纵七横"高速公路网中第6纵的重要组成部分。估算总投资约161.02亿元,建设期4年,路线全长约83公里。

项目设定最低资本金约45.08亿元,占估算总投资的28%。其中,政府方出资约22.09亿元,占股49%,社会资本方出资约22.99亿元,占股51%。申请车购税补助资金约40.41亿元,其中约22.09亿元作为政府方出资的项目资本金,约占投资总额的13.72%,剩余项目资本金由社会资本方负责投入,约18.32亿元作为建设期投资补助。其余资金由融资资金(银行贷款等)解决,融资资金占项目估算总投资的60.63%,约97.62亿元。

新新项目较张官项目财务效益更好,因此,通过新新项目带动张官项目,有利于两个项目同步实施推进。2020年12月,湖南省交通运输厅通过公开招标方式,选定了湖南高速投资发展有限公司作为联合体牵头人,联合中冶、葛洲坝等其他12家企业组成联合体作为社会资本方。社会资本方与政府出资人代表联合出资注册成立项目公司,即新新张官高速公路建设开发有限公司,负责两条高速公路的投融资、建设、运营维护及移交等工作,并承担相应的费用、责任和风险,依法依规申请交通运输部车购税资金补助。

(三)项目实施亮点

1.通过捆绑有效优化社会投资者收益结构

从社会投资者收益情况来看,一方面,收入效益较好的高速公路度过了盈亏平衡点后,营业收入往往较为可观,可以形成持续的正现金流,为企业创造利润。将效益较好和效益差的高速公路项目进行捆绑打包是对资源的重新配置,可用收益好的现金流去弥补收益较差的项目,形成收益风险相互对冲,支持老少边穷地区盈利性差的项目投资建设。另一方面,对于捆绑投资的项目包,可以成立一家法人项目公司同时管理多个项目,各子项目都作为一个整体单位来计算。由于企业所得税按照一个法人主体进行征收,项目包可以合并计算所得税,通过合理的税收筹划,能充分发挥盈利性差项目亏损的抵税效应,如 G59 呼北高速公路新化至新宁段、张家界至官庄段 PPP 项目通过联合体设立一家法人项目公司,有效地减少所得税,并且在设计、采购、施工及运营维护上可以进一步提高工程利润,提升项目整体盈利能力。关于该项目实施的盈利框架结构详见图 8-3。

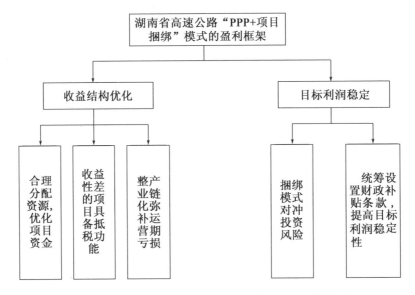

图 8-3 高速公路捆绑招标盈利模式分析构架图

2. 提高社会资本目标利润、减少锁定政府支出责任

高速公路 PPP 项目通常较难预测车流量。因为合作期限较长,

有的高速公路通车运行以后可能车流量较大,收益增长过快,造成社会资本"暴利";有的高速公路可能很长一段时间都无法变现回本,对企业造成较大的债务负担。"肥瘦搭配"模式类似于资本市场运用的投资组合策略,可以起到分散投资风险的作用;其次,为了吸引社会资本,目前除中央车购税、燃油税等补贴外,通常还需要地方政府进行适当的财政补贴,这可为社会投资者弥补一定时期的运营损失,并且有利于社会资本目标利润的稳定性。项目捆绑打包后可从省级层面统筹论证财政承受能力,通过设置补贴上限、以招投标竞争确立补贴力度等方式,进一步细化社会资本收益利润,减少和锁定政府支出责任。如湖南省高速公路PPP项目,政府提供可行性缺口补助资金,其中部分车购税补助资金作为项目资本金,采用资本金注入方式进行支持,剩余部分车购税补助资金作为项目建设期投资补助。社会资本财务内部收益率上限为8%,如超过收益将视为超额收益进行分享。

(四)小结

采用"打捆招商,肥瘦搭配"的模式,首先可以通过合理分配资源缓解财政支出压力;其次,也可通过扩大项目规模的方式,增强项目的市场吸引力,解决部分高速公路项目位置偏远、进入运营期后车流量不足的问题。因此,不少省份就积极开展捆绑打包模式,并出台有关制度文件鼓励该种模式实施。例如,2016年,河北省9条高速公路PPP项目运用打包实施的模式成功落地;2018年,贵州省开始不断尝试将国家级高速公路和省级高速公路项目打捆实施。在制度文件规定方面,2017年四川省出台了《四川省人民政府办公厅关于规范高速公路建设项目投资模式有关事宜的通知》(川办发

〔2017〕22号），提出"鼓励采用打捆招商的方式支持贫困地区高速公路建设"。2019年云南省政府发布《云南省县域高速公路"互联互通"工程实施方案》，提出"通过项目'肥瘦搭配'，整合优势资源，吸引信用好、实力强、有担当的企业参与高速公路投资建设，科学运用投融资模式，有效防范政府性债务风险"。这些典型案例的实践为"十四五"时期各地高速公路发展、高速公路带动国省干线捆绑发展等提供了重要参考。

五、案例：山东省小清河复航工程PPP项目

（一）项目基本背景

小清河地处山东省中部，发源于山东省会济南市，经历城、章丘、邹平、高青、桓台、博兴、广饶、寿光，在羊口以东注入渤海莱州湾，横跨济南、滨州、淄博、东营、潍坊5座城市，全长237公里，流域面积约1.5万平方公里，约占全省总面积的9.6%，是山东主要内河之一，是山东中北部五市汛期主要泄洪口和灌溉、工业重要水源，他的"肚量"大小，关系到山东5市约2700万人口的生命财产安全。因各种原因，近十多年来基本处于断航状态。

为加快推进水运发展，2011年山东省政府出台了《关于贯彻国发〔2011〕2号文件加快内河水运发展的意见》；2012年5月出台了《山东省内河航道与港口布局规划》，小清河纳入山东省内河"一纵三横"水运的主通道。2012年10月，山东省政府批复了《小清河流域生态环境综合治理规划方案》，明确将小清河打造成一条集防洪、生态、航运、景观旅游、文化于一体的黄金水道。2016年，小清河复

航工程项目正式启动,项目工程可行性报告获得批复。2017年底,小清河复航项目完成立项和初步设计审批。2018年5月,山东省财政厅会同省交通运输厅等省直部门以及相关地市,开始启动小清河复航工程运用PPP模式深度论证工作。鉴于小清河复航工程具有投资规模较大、价格调整机制相对灵活、市场化运营程度相对较高、需求长期相对稳定等特点,山东省研究确定采用PPP模式推进小清河复航工程建设。2018年9月,山东省政府批复《小清河复航工程PPP项目实施方案》。

(二)项目基本情况

小清河复航工程PPP项目总投资135.9亿元。起点自济南市荷花路跨小清河桥下200米(迁建的柴庄节制闸处),终点为潍坊港西港区羊口作业区内河港池下游600米处,全长169.2公里。项目内容包括建设Ⅲ级航道169.2公里,航道土方开挖2553.34万立方米,航道疏浚838.99万立方米,航道斜坡式护坡531.38万立方米,直立式挡墙54.4公里;改建船闸4座;改建桥梁36座(不含船闸交通桥),其中高速公路桥2座(含桥墩防护1座)、普通国省道公路桥8座、农村公路桥25座、铁路桥1座;改造过临河水利设施481座,其中节制闸2座,倒虹吸10道,提灌站197座,穿堤涵闸265座,水文设施8处;改造过河管道32道;改造过河线缆264道,其中高压线112道、低压线73道、通信光缆79道。新设航道维护基地及公共锚地6处,新设航道标志标牌453座,配套建设数字化航道等支持保障系统等。

小清河复航工程将采用"省里统一规划、各市分段立项、各段同步实施"的建设模式,采用BOT运作模式。项目建设期3年,运营期

27年。项目实施机构为山东省交通运输厅港航局,政府方出资代表为齐鲁交通发展集团有限公司(现山东高速集团)。2019年4月确定社会资本,中国铁建投资集团有限公司作为联合体牵头人与中铁建投基金管理有限公司、山东海洋集团有限公司、中国铁建港航局集团有限公司组成的联合体中标。2019年6月,实施机构与项目公司签订PPP项目合同;2019年9月,政府方代表(齐鲁交通发展集团有限公司)与社会资本共同出资成立项目公司——中铁建投山东小清河开发有限公司,注册资本35亿元。小清河复航项目已于2020年年初开工,预计2022年年底正式运营。

(三)项目实施方案

1. 交易结构

项目总投资额为135.9亿元,项目资金来源构成为项目资本金、中央专项补助资金及项目融资资金。资本金为35亿元,占总投资的25.75%,其中政府出资7亿元,社会资本出资28亿元,比例为2∶8。中央专项补助资金为44.76亿元,占总投资的32.93%,主要包括车辆购置税补助资金和港口建设费补助资金等,其中获得交通运输部建设资金支持37.47亿元。项目融资资金为56.17亿元,占总投资的41.32%,项目公司可以通过银行贷款、债券、资产证券化等方式去募集资金。如果出现中央专项补助资金未足额到位的情况,项目融资资金最高不超过90.93亿元,其余10亿元差额部分由政府方负责。关于该项目资金来源结构和交易结构详见表8-1和图8-4。

项目资金来源表　　　　　表 8-1

类　　别	金额(万元)	比　　例
项目资本金	350000.00	25.75%
其中:社会资本方资本金 80%	280000.00	20.60%
政府方资本金 20%	70000.00	5.15%
其他资金来源小计	1009301.45	74.25%
其中:中央转移支付补助资金	447636.00	32.93%
项目融资资金	561665.00	41.32%
合计	1359301.45	100%

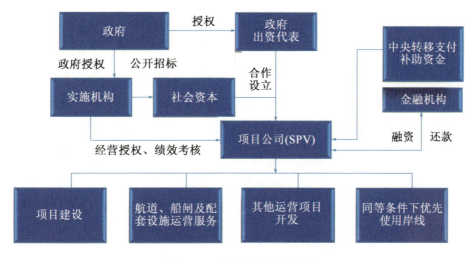

图 8-4　项目交易结构图

2. 回报机制

项目采用"可行性缺口补助"的回报机制,可行性缺口补助按照"可用性付费+运维绩效付费-使用者付费收入(运营收入)"组合的模式,根据绩效评价结果由政府每年支付一次。

其中,使用者付费收入(运营收入)主要是项目公司依托航道通行费、过闸费和广告、船舶服务区经营等获得的一定经营收入。小清河项目复航后,根据货物运量及收费标准预测,运营期内可实现收入80亿元。其中,航道通行费收入54亿元,年均2亿元;过闸费收入23亿元,年均0.84亿元;其他收入3亿元,年均0.09亿元。整体收入年均3亿元。经测算,27年运营期内,政府将采取可行性缺口补助的方式平滑支出,年均支出4.88亿元,27年累计支出131.76亿元。因此,对于社会资本来说,项目公司27年运营期内可获得现金流入预计约211亿元。

3. 超额分配机制

当年使用者付费收入金额以经审计的项目公司当年运营收入为准,按以下方式计取:①如经审计的项目实际年度运营收入低于乙方报价值,按照报价值计取;②如经审计的项目实际年度运营收入高于乙方报价值,按照"乙方报价值+超额收益政府方分配所得"计取。超额收益按照累进分配机制分配,具体如表8-2所示。

超额收益累进分配机制　　　　　　　　　　表8-2

当年运营收入超过报价值的比例	项目公司享有比例	政府方享有比例
≤10%(含)	100%	0%
10%~20%(含)	90%	10%
20%~30%(含)	80%	20%
30%~50%(含)	70%	30%
>50%	60%	40%

上述超额机制表明,如果项目运营期内实际运营收入低于社会资本报价水平的,由项目公司来承担实际运营收入不足的风险;如果实际运营收入高于社会资本报价水平的,按照上述累进的方式进行分配,给予项目公司一定的激励。

(四)项目实施亮点

1. 采用PPP模式实现"小投入"撬动"大资本",有效节约财政支出

在传统政府投资模式下,政府在建设期内需要承担项目全部投资135亿元左右,每年年均财政支出将达到45亿元。在PPP模式下,山东省在3年建设期内年均支出仅17亿元,在27年运营期内采取可行性缺口补助的方式平滑支出,年均支出4.88亿元,最高支出年度达6.08亿元,均处于财政可承受范围内。这种模式实现了地方政府建设期出资7亿元,撬动社会资本及项目融资84亿元,撬动比例12倍。经机构测算,在产出绩效相同的前提下,该项目采用PPP模式要比政府传统投资方式节省投入15亿元,有效缓解政府当期筹资压力,节省财政支出。

2. 积极挖掘项目运营收入来源

传统航道项目普遍无收益来源,对社会资本吸引力不足。但该项目在前期方案设计中对运营收入来源做了深度的挖掘,充分利用线性工程资源的优势,最后明确项目运营收入包括航道通行费、过闸费和广告、船舶服务区经营收入等。根据预测,该项目27年运营期内可实现各类运营收入80亿元。此外,在项目建设期内有中央专项补助资金44亿元,在运营期内地方政府年均给予4.88亿元可行性缺口补助资金支持。这对吸引社会资本提供了良好的条件。

3. 大幅降低物流成本,提高沿线企业竞争力

该项目建成后将大幅降低物流成本。据测算,小清河复航后,海河联运每年可以分流超过4000万吨的大宗货物运量,相当于再造一条胶济铁路,大大缓解济青高速公路、胶济铁路等交通干线的运输压力,优化区域交通运输结构。采用海河直达的方式运输企业所需物资,每吨货物每公里的运营成本为公路的43%、铁路的64%,可大大降低运输成本,提高企业竞争力。

4.激活沿线经济,实现多方共赢

一是小清河复航项目是山东省唯一一条具备海河联运开发利用条件的航道。项目建成后可通行2000吨级船舶,沿线5市受益。借助海河航运直达船舶,可以将烟台港、龙口港的航运延伸到鲁中腹地,等于将出海口延伸到鲁中家门口,为济南、淄博开辟了出海通道,为滨州、东营、潍坊新增了出海口,助推山东省经略海洋,是实施新旧动能转换的战略选择。

二是防洪除涝能力和农业灌溉水平大幅改善。小清河复航按三级航道扩挖河槽,航道底宽为45米,开挖土方用于填筑大堤,可以使得小清河全线防洪标准由20年一遇提高至50年一遇,除涝标准由5年一遇提高至10年一遇,可以大大缓解山东省会济南及小清河两岸城市的防洪压力,切实保障当地群众的生命及财产安全。

三是有利于交通运输节能减排。内河水运具有能耗低、污染小的特点,按年运量4000万吨计算,小清河航运每年可减少CO_2排放量1.46万吨。同时,工程实施后,船舶动力全部使用液化天然气(LNG)清洁燃料,船上垃圾及油污水全部实现岸上回收处理,对节能减排有积极意义。

四是有利于环境保护和污染治理。复航工程与污水治理相辅相成、相互促进。工程实施后,蓄水量将大幅增加,对沿线生态环境改善和水质净化起到促进作用。

五是有利于促进周边旅游经济协同发展。随着航道的整治、绿化、美化和道路、桥梁、船闸等设施的改造,小清河将成为山东省唯一一道集生态、景观、文化于一体的亮丽风景线,有利于带动沿线文化旅游资源的开发。

(五)小结

小清河复航工程投资规模大、建设内容复杂,是全国第一个内河航道建设PPP项目,也是山东省第一个省级PPP项目,第一个水运建设一次性投资超百亿的项目,第一个可以实现海河直运的项目。通过采用PPP模式推动小清河复航工程的建设,可以以较少的财政资金撬动较多的社会资本。项目建成以后给山东省内带来的政策效益、经济效益、社会效益显著提升,直接拉动港口、临港物流园区、船舶运输、旅游等航运相关产业的发展,减轻公路、铁路的运输压力,大大释放水运的价格优势,为沿线企业带来新的发展机遇。创新运用PPP模式打造小清河复航工程,放大了财政资金乘数效应,解决了基础设施等公共产品投融资困难等问题,减轻了地方政府债务压力,腾出了更多资金用于其他支出。项目完成后,小清河将成为贯穿山东省中部工业走廊的内河水运通道,是推进综合交通运输体系建设、带动沿线经济发展的一个典型案例。

六、案例:服务区利用资产证券化等方式拓宽融资渠道

(一)项目基本背景

随着交通网络的不断完善,交通项目投融资可持续问题越来越突出。以高速公路项目为例,一方面,新增项目所处地形地质条件复杂、桥隧比例高,原材料、征地拆迁费以及人工成本不断提高,高速公路建设成本持续增加;另一方面,新建项目多为加密线、复线,交通流量不如过去建设的通道性项目。因此,项目成本高、收益较差,收支不平衡、投融资落地难等问题较为突出。为实现交通项目投融资可持续发展,近年来,各地交通企业积极开展由"路产"向"路域"的探索,设立专业公司发展"服务区+旅游""服务区+综合商业体"等,深挖沿线资源,化"单方面收入"为"多渠道收入",化"闲置资源"为"优质资源"。那么,如何将这些已开发的优质高速公路服务区资产进一步盘活,实现滚动发展?

2022年上半年,山东高速集团、浙江省交通投资集团的二级公司纷纷在这方面进行了有益的实践探索,通过资产证券化等债权型融资方式提前收回部分资金,并将这些资金进一步投向服务区升级改造,有效提升存量资产规模。从全球范围看,资产证券化是近三十年来一项重要的金融创新和金融工具,是衍生证券产品。山东省、浙江省这些投融资举措为我国在交通路域存量资产盘活方面提供了很好的尝试,为其他企业用好金融工具、积极盘活存量资产提供了重要的参考。

(二)山东高速集团主要做法

2022年3月初,山东高速集团成功发行了10亿元高速公路服务区资产支持专项计划,基础资产为山东高速集团所属二级公司山东高速服务开发集团持有的109对高速公路服务区,包括加油站、餐饮超市和加气站等。具体依据服务区的《租赁合同》,从基准日起特定期限内已经起租的租赁业务租金对应的租金债权。其中,加油站租金收入占比较高,合计73757.94万元,占入池基础资产60笔金额的63.02%。资产支持专项计划期限3年,认购倍数3.24倍,产品评级AAA,利率创历史同类同期新低,为2.6%,这是全国首单高速公路服务区资产支持专项计划。

该项资产专项支持计划由广发证券资产管理(广东)有限公司担任管理人,设立专项计划并进行存续管理。原始权益人为山东高速服务开发集团,山东高速集团承担差额支付义务,监管银行为民生银行济南分行,对资金监管、基础资产回收款进行监督。托管人为招商银行济南分行,对募集资金进行托管服务。山东高速集团服务区资产支持专项计划交易结构详见图8-5。

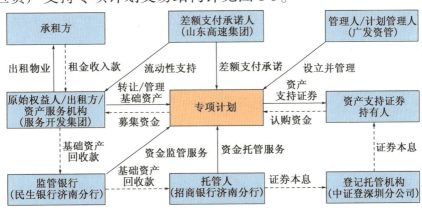

图8-5 山东高速集团服务区资产支持专项计划交易结构图

"十三五"时期,山东高速集团就在省内积极结合地域特点,围绕旅游购物、商业零售、文化宣传等特色,打造"服务区+"改造升级。例如,遵循"儒家"文化理念的曲阜服务区、主打区域时尚创意的长清服务区、主打观光旅游的文昌湖服务区等,将传统高速公路服务区逐步改造成为网红打卡圣地。

2021年是山东高速公路服务区发展史上具有里程碑意义的一年。在山东高速集团的统筹运作下,集团所属两大服务区运营管理单位完成整合重组。整合后的山东高速服务开发集团(以下简称"服务开发集团")克服权属单位多、管理机制不一致等挑战和困难,通过半年时间,多措并举完成公司整合重组的各项任务,建立了"总部—区域分公司—服务区"三级管理模式,管理省内服务区达到144对,占全省服务区数量的80%。重组后的山东高速公路服务区,全省"一张网""一盘棋"的发展态势和规模效应充分彰显,正在成为展示山东省经济社会发展、展示山东省国企深化改革新形象的新窗口,从"标配"到"高配",把服务区变"景区""双碳示范区",将服务区发展为"开放经济带"。

多年来,山东高速集团始终坚持降本挖潜、提质增效,围绕主业产业链、供应链、价值链、创新链深入挖掘资产延伸价值。下属二级公司服务开发集团以高速公路服务区运营管理、服务提供、智慧化建设及能源、农牧相关产业的综合开发为主业,以服务监管、创造效益为主责。此次资产支持专项计划的发行是山东高速集团通过主动的负债管理,充分发挥杠杆效应,通过金融创新和市场化手段盘活高速公路基础设施资产、提高资产运营效率的生动实践,为集团公司推进"六型山高"系统工程建设、实现高质量发展提供了有力支撑,同时也为其他企业积极做出创新示范。

(三)浙江省交通投资集团主要做法

2022年4月底,浙江省交通投资集团全资子公司浙江省商业集团第一期定向资产支持票据(ABN)成功发行。浙江省商业集团成立于1996年,由原浙江省商业厅成建制转体设立。2018年,浙江省交通投资集团与浙江省商业集团合并重组,浙江省商业集团成为浙江省交通投资集团的全资子公司。2019年,浙江省商业集团吸收合并浙江省交通投资集团实业发展有限公司,业务范围拓展为服务区策划设计、招商运营、投资建设、综合能源供应与管理、连锁零售、广告策划、餐饮管理及其他相关业务,注册资本15亿元,是浙江省规模最大的国有综合交通商业投资运营商。近年来,浙江省商业集团跨省投资交通商业项目,参与经营管理浙江、广西、贵州等全国范围内7个省(区、市)123对服务区。旗下有"高速驿网"系列平台服务品牌和"佰里庭""驿佰味""驿佰购""驿佰汇""驿佰行""驿佰居"等系列专业业务品牌等。

浙江省商业集团第一期定向发行资产支持票据(ABN)总额人民币10亿元,期限为5(3+2)年,债项评级AAA级,票面利率为3.40%,是2022年同期限、同类别利率最低的ABN产品,较4.34%的平均利率低94BP,较五年期贷款市场报价利率(LPR)4.60%低120BP。底层资产为位于萧山、诸暨、金华等10对高速公路服务区的未来租金收益,采用双特殊目的载体(SPV)结构,将非标准化特性的服务区租金现金流标准化,募集资金拟用于提升改造服务区及补充流动资金等。浙江省商业集团作为发起机构和资产服务机构,浙江省交通投资集团担任增信机构。在项目存续期内预计每年可为浙江省商业集团节省财务成本1200万元。

本次 ABN 项目从 2021 年开始启动准备工作,在浙江省交通投资集团的大力支持与指导下,浙江省商业集团会同各专业机构反复讨论发行结构与关键条款。2022 年 3 月 8 日,项目获中国银行间市场交易商协会准予注册的批复。为抢抓有利发行窗口,商业集团一直密切关注市场价格走势,于同年 3 月 29 日联合主承销商招商银行举办投资人交流会,吸引了大量投资机构参与,并采用线上与线下相结合的方式,与投资机构进行了充分、高效和坦诚的沟通,为项目成功发行提供了坚实保障。

本次 ABN 项目是国内高速公路服务区资产证券化融资产品在全国银行间交易市场的首单创新发行。本次成功发行,不仅使浙江省商业集团实现了资产证券化"零"的突破,还对盘活其他存量资产起到较好的助推作用。

(四)小结

山东高速集团和浙江省交通投资集团以服务区作为底层资产,积极发行资产证券化产品,回收资金用于提升改造服务区以及补充流动资金,进一步提高服务区收益能力,释放业务规模。这两家企业的原始资产为服务区实体资产,通过租赁或自营的方式取得收益,主要资产是应收融资租赁款或直接经营收益,但期限较长且稳定。通过发行资产证券化,将流动性较差的租赁租金或经营收益变现为流动性强的现金资产,增加自身的资金流转速度,大大提升公司获利并缩短资金回笼时间,从而提升其融资能力和偿债能力。募集资金进一步用于提升改造服务区的质量,将服务区硬件设施从"标配"进一步提升到"高配",加快服务区业务滚动开发,提升新业务获利能力,从而更好地为服务区经济服务。这种创新的投融资模式可以有效增强存量资产的流动性,扩大业务规模,降低融资成本,在交通基础设施及路衍资产中可以进一步推广运用。

七、案例:铜梁区独立工矿区转型升级产城融合PPP项目

(一)项目基本背景

2016年1月,在重庆召开的推动长江经济带发展座谈会上,习近平总书记为长江治理开出了治本良方,提出要"共抓大保护、不搞大开发"。按照习近平总书记对长江经济带发展的要求,重庆市铜梁区按照《重庆市绿色矿山建设标准评价指标体系》进行绿色矿山开发,加快合作区域内的中小矿山关停整合,实现产业转型升级,2019年启动了铜梁区独立工矿区产城融合开发项目。

铜梁区独立工矿区是重庆市铜梁境内主要的采矿区,也是铜梁城市拓展的重要空间和产城融合发展的核心区,是铜梁区转型升级、产城融合发展最迫切和最关键的区域。为此,按照"创新、协调、绿色、开放、共享"的发展理念和铜梁区矿业资源型城市发展需求,重庆市铜梁区政府提出按照"资源开发与区域经济发展相结合、与城市建设相结合、与环境保护相结合"的原则,以铜梁区独立工矿区转型升级为抓手,走产城融合之路,协同推进城镇产业发展、人口集聚和功能完善,促进资源优化配置和节约集约利用,实现独立工矿区内产业和城镇有机融合、产业转型重构和城镇价值再造。

该项目是区县基础设施建设与矿产资源捆绑综合开发、按照PPP模式实施的典型项目,为交通运输行业交通基建项目与矿产资

源联动开发模式提供重要的参考。

(二)项目基本情况

铜梁区位于重庆市西北部,地处渝西丘陵与渝东平行岭谷交接地带。区内地质构造条件复杂多样,各时代地层发育比较齐全,岩相和岩性复杂多样,具有良好的成矿地质条件,矿产资源较为丰富,是全国首批确定的成熟型资源型城市之一。根据《重庆市铜梁区矿产资源总体规划(2016—2020年)》,铜梁区开发利用的矿产资源面积为12.27平方公里,建筑石料以灰岩、石英砂(岩)、黏土(页岩)为三大主要矿产资源,其中建筑石料用灰岩储量较大。

项目包含产城融合基础建设(A包)与矿产开发(B包)两个部分,项目总投资约72.1亿元。其中A包项目共16个子项,是分布于铜梁的独立工矿区、旧县组团、大庙组团范围内的基础设施项目,总投资估算约为49.06亿元;B包项目包括绿色矿山开采、加工、销售、生态修复等,预计总投资约23.04亿元。

由于投资额较大,项目决定采用PPP模式实施,具体采用BOT模式运作。由铜梁区金龙城市建设投资(集团)有限公司(简称"城投集团")作为政府方出资代表与通过公开招标选定的社会资本方共同出资组建项目公司,并以项目公司作为项目法人,兼顾承担产城融合发展项目后续设计、融资、建设及运营,以及协议约定矿石资源的开采业务。

项目合作期为20年,其中,建设期4年,运营期16年。项目公司投资收益来源由项目自身经营性收益、配置矿石资源开采所产生的收益及政府可行性缺口补助共同组成。

项目由重庆市铜梁区住房和城乡建设委员会作为招标人,经公开招标最终确定由中国水利水电第五工程局有限公司、中国电建集团华东勘测设计研究院有限公司、中电建(北京)基金管理有限公司、重庆贵溪生态环境科技有限公司联合体顺利中标。

(三)项目实施主要内容

项目由政府出资人代表和招标确定的社会资本方联合组建项目公司,对项目进行设计、融资、投资、建设及运营。为保障社会资本方投资权益,项目捆绑矿石资源的开采业务,且矿产开发的所有收入归项目公司所有,在扣除相关成本及相应税费后在项目公司内部保持平衡,用于弥补PPP项目的资金缺口。

项目PPP合作内容包括四个方面。一是新兴产业引入发展服务。通过搭建产业发展与招商引资平台,大力引入行业龙头企业,并积极培育中小企业,推动独立工矿区相关产业转型升级,引导发展矿石深加工及装配式建筑。二是配合铜梁区现有矿山企业调整,推进规模化、集约化、标准化开采,推动绿色矿山发展。三是针对独立工矿区内民生服务设施短板,强化文化、教育、应急保障、公共停车等供给,推动区域产城融合协调发展。四是强化区域产业发展基础设施,完善新兴工业区(即高新区、工业园区)基础设施及配套条件,提升产业发展支撑能力。

项目具体采用BOT运行机制。合作期间,项目公司在社会资本的主导下,一方面按照审定的工程设计资料承担产城融合发展项目融资、投资、建设以及建成交付后指定范围内经营设施(如公共停车场、文化艺术中心等)的特许经营工作。另一方面,项目公司内部另行成立矿业开发团队,按照矿石资源配置计划另行筹集资金,分批次竞得必要规模的建筑石料用灰岩采矿权,并按照主管部门下达的开采计划指标,自行组织矿山建设以及矿石开采、加工和销售工作。销售收入扣除生产成本及相应税费后,在项目公司内部整体平衡,用于弥补产城融合基础建设部分资金缺口,并实现社会资本投资回收和合理收益。

项目回报机制采用"使用者付费+矿产资源收益+政府可行性缺口补助"。矿石资源开采收益由项目公司自行竞标获得矿业权,并组织生产实现,实行完全市场化运作。开采期19年,年均开采出售规模约1358万吨,预计矿石开采年均收入约为9.5亿元,扣除成本及税费后,年均约有3.35亿元可用于平衡PPP项目资金投入和回报。特许经营部分由项目公司按市场化方式运作并自负盈亏,经营范围包括文化艺术中心、汽车驾驶考场、地下停车场等配套设施的经营,预计正常年份经营收入可达到6200.9万元。项目使用者付费比例约为11.9%,满足财政部《关于推进政府和社会资本合作规范发展的实施意见》(财金〔2019〕10号)文件关于"使用者付费不低于10%"的要求。另外,为合理控制配置资源总量,并加强政府对项目运营管控的力度,铜梁区政府还考虑每年承担一部分可行性缺口补助(每年约2370万元),并按照绩效考核结果支付,且该项付费的资金来源主要为矿产资源开采销售所产生的区级非专项使用税费收入,不会额外增加政府财政负担。

项目资金结构方面。项目资本金按总投资20%的比例,其余部分通过银行贷款等方式融资解决。产城融合基础建设(A包)部分资本金按总投资20%(9.81亿元)的比例,由城投集团和中标社会资本方按1:9的比例共同筹集(城投集团筹集0.98亿元,中标社会资本方筹集8.83亿元)。融资部分占项目投资80%,约39.25亿元,由项目公司通过银行贷款等方式筹集解决。矿产开发部分(B包)资本金根据矿山建设实际需要按20%计,由城投集团和中标社会资本方按1:9的比例共同筹集(城投集团筹集0.46亿元,中标社会资本方筹集4.15亿元),并在项目公司成立阶段一并注入,不得占用产城融合基础建设部分的项目资本金。其余资金由项目公司通过银行贷款等方式筹集。

(四)小结

该项目创新投融资模式,采用矿区产城融合PPP模式实施。在社会资本方招标时,为了保障社会资本方投资权益,除了通过使用者付费的方式收回成本以外,还提出将所在区域矿产资源开采权打包配置进项目,社会资本方可通过竞标的方式获得矿业权,用矿产资源生产销售的收益弥补项目的资金缺口,通过矿区产城融合发展的模式尽可能减少政府财政负担。除了使用者付费、矿产资源开发收益外,还用政府可行性缺口补助的方式弥补资金缺口。针对这部分资金,主要来源为项目公司矿产资源开采销售所产生的区级非专项使用税费收入。因此,整体上看,项目不额外增加政府财政负担。这种模式对资源型城市基础设施建设项目进行了有益探索和创新,也为交通运输行业交通基础设施项目与矿产资源开发捆绑实施提供了重要的参考和借鉴。

八、案例:广深高速公路新塘立交改造工程土地盘活

(一)项目基本背景

广深高速公路是国家高速公路网沈阳至海口公路的重要路段,于1997年7月开始运营。广深高速公路新塘立交位于广州市增城

区新塘镇,地处广深科技创新走廊重要节点,是广深高速公路与广深大道(G107)连接的交通枢纽。该项目主要针对新塘路段立交进行改扩建。原新塘互通式立交为服务型立交,采用"菱形+内、外环匝道"的布置方式。当初立交设计考虑了高速公路服务功能和服务于当地居民功能,具有综合性强、占地面积大等特点。但由于种种原因,原设计的服务功能未能最终实现,导致大部分土地出现闲置。同时,互通式立交匝道存在绕行严重、交通组织复杂且不明确等问题,导致出行费时,容易迷失方向,通行能力及服务水平低,不能满足交通量快速增长的交通需求。

为有效提升区域交通通行能力、盘活存量土地资源,2020年7月,广东省交通集团下属公司对广深高速公路新塘立交改造工程实施开工建设,该项目是广东省委、省政府落实交通运输部"交通强国"建设的试点项目,是广东省首批高速公路沿线集约节约用地综合开发先行试点项目。该项目涵盖房地产开发、高速公路改扩建、上盖空中公园等工程,建成后将形成内优外畅的综合交通体系,释放存量土地300亩,可为地方提供约85万平方米建筑面积,有力助力广深科技创新走廊建设和粤港澳大湾区发展。该项目计划于2022年年底建成。

(二)项目基本情况

广深高速公路新塘立交改造工程地处穗、莞、深黄金走廊和科技创新走廊的重要位置。广深高速公路主线采用高速公路标准,国道G107采用一级公路标准,南碱路采用市政路技术标准。新塘立交改造工程采取"全上盖隔音+主线桥梁拆除重建并同步扩建为12车道"方案进行改造。主要建设内容:主线长1.01公里,拆除主线旧桥 751 米,主线桥梁新建四幅双向 12 车道 748 米,新建匝道 4.87 公里,新建国道 G107 双向 6 车道下沉式隧道 1 座,长 560 米,新建匝道单向 2 车道下沉式隧道 325 米,拆除重建收费站 3 处,建设隔音降噪上盖结构约 15 万平方米,建成上盖式隧道 4 座,单座长度 528 米,建设上盖公园面积约 15 万平方米。因此,从建设内容看,分为两大部分:交通改造(含主线、匝道、国道、南碱路)和上盖空中花园(含上盖结构、景观延伸、空中环道、公园景观)。其中,景观公园工程内容不在项目范围内,拆迁内容主要是现有立交拆迁,不涉及居民住房拆迁。批复概算 23.01 亿元(不含附属工程),是国内首个隔音降噪上盖结构超 10 万平方米的高速公路立交改造项目。新塘立交改造后,将提升区域交通通行能力,释放开发净用地 300 亩,增建高速公路上盖市政公园并融入智慧交通,利用现代科技打造成为增城区的空中绿核、广州市的科技门户、粤港澳大湾区的标杆项目。

项目公司为广州臻通实业发展有限公司,主要负责出资建设新塘立交改造工程、新塘立交上盖空中公园工程、南碱路改造工程、107 国道改造工程、地块东侧及南侧新建市政路工程、上盖空中公园延伸联通地铁沙村站及新塘大道绿道工程,并通过包干的方式委托给建设公司广深珠高速公路有限公司。项目资金来源通过"资本金 + 贷款"的形式筹措,项目资本金为总投资的 35%,由项目业主自筹,资本金以外的建设资金通过国内银行贷款解决。

该项目的创新实践具有重要意义。一是该项目是广东省委、省政府落实交通运输部"交通强国"建设的试点项目,是实现粤港澳大湾区规划的具体举措,也是广东省交通集团落实省委、省政府提高土地利用率、实现集约节约用地和综合开发要求的先行试点工程,是高速公路交通改造和土地空间复合利用示范试点项目。依托该项目实施综合开发利用,提升公路和城市道路走廊带资源综合利用水平,为今后其他高速公路互通式立交改造提供参考和样板。二是释放存量土地、实现路地共赢。新塘项目通过交通优化改造,释放存量土地300亩,可为地方提供约85万平方米建筑面积,价值高达210亿元。三是优化交通条件,提升城市环境。项目通过主线扩建、匝道优化、G107设置下沉式隧道、南碱路改造,优化了周边路网,有效解决了出行拥堵的问题。

(三)项目地块开发情况

一是提高土地利用率,规划大型住宅小区。根据广州市规划和自然资源局网站信息显示,新塘立交将周边土地规划进行改造,"加盖"建线性公园,并在两侧规划大型住宅小区,规划人口达到1.75万人。并且东西两侧地块为二类居住用地,总用地面积229285平方米,总建筑面积687855平方米,平均容积率3.0,建筑密度30%,绿地率35%。其中,地块一(西侧)用地面积45569平方米,容积率3.0;地块二(东侧)用地面积83716平方米,容积率3.0。通过对立交改造,释放开发用地,如果按照市价3万元/平方米来计算的话,整体价值将达到210亿元,这样的投融资模式能够极大保障项目业主方的利润水平,同时也提升了广深高速公路两侧景观风貌与城市空间,整体提升片区环境价值。

二是项目价值优势,吸引头部实施方加入。项目居住宗地于2019年12月23日由广州臻通实业发展有限公司(简称"臻通实业")以41.24亿元拿下,折合楼面价约6881元/平方米。臻通实业为深圳市润投咨询有限公司、广州利路实业投资有限公司、广州利新实业投资有限公司、深港基建有限公司共同控股,其中,广州利路实业投资有限公司和广州利新实业投资有限公司为广东省交通集团旗下的附属公司,深圳市润投咨询有限公司为华润置地控股有限公司的全资子公司,深港基建有限公司为深圳投控湾区发展有限公司的全资子公司,也就是说,这宗地块被华润置地、广东省交通集团和深圳投控湾区发展合力开发。值得一提的是,华润置地是2020年7月通过股权债权转让的形式,以成交对价19.2亿元获得臻通实业60%的股权及相关债权,折合楼面价提高到了1.7万元/平方米,预计未来房屋售价在3.7万元/平方米左右。该项目通过央企与地方国企的合作,将广深高速公路沿线土地资源综合开发打造为示范工程。

(四)小结

交通基础设施具有点多、线长、面广的优势和特点,用好这些交通路产与路域资源,推动产业链条"上下游、左右向"融合联动开发,可以有效破解路产封闭、交通项目收益不足等问题,实现交产融合发展全领域、全周期效益最大化。该项目的实施,为我国其他高速公路互通式立交改造提供了重要的参考和样板。该模式的实施也有一定条件,包括立交所在地块靠近主城区、交通具有较大便利性;互通式立交改造后能释放一定规模的土地面积,可用于住宅、商业等开发。

九、案例:云南省丽江高速公路资源综合开发模式

(一)项目基本背景

交通基础设施薄弱一直是制约云南省迪庆藏族自治州维西县

发展的最大难题之一,维西县干部群众盼望有便捷的外出通道连接周边地区。为了有力推动大滇西旅游环线和荣华片区城市综合体项目建设,全面提升城市枢纽功能、服务功能和集散功能,推动维西县的经济、旅游发展,加强少数民族团结,增强当地老百姓对幸福生活的获得感,云南省丽江市交通运输局决定开建丽江至维西高速公路、四川稻城至云南丽江高速公路拉伯至大东段。这两个项目具体采用 BOT 模式实施,针对项目自身仍存在资金缺口的问题,政府将沿线矿产资源综合开发权一并授予,并给予建设期补助等资金支持。

(二)项目基本情况

1. 丽江至维西高速公路

该项目起点位于玉龙县九河乡白汉场,起点桩号 K0+000,与在建香丽高速公路(K123+050)衔接,经石鼓、黎明、巨甸、鲁甸、永春后与规划维叶高速公路主线顺接。推荐方案路线全长约 116 公里,桥隧比约为 81.9%,其中玉龙县境内约 107 公里,维西县境内约 9 公里,采用双向 4 车道高速公路标准建设,设计速度 80 公里/小时,路基宽度 25.5 米。同步建设金江联络线:全线拟按照二级公路 60 公里/小时,路基宽度 12 米标准建设;线路全长约 116 公里,投资估算总金额约为 244 亿元(项目投资总金额最终以批复的初步设计概算为准)。

2. 四川稻城至云南丽江高速公路拉伯至大东段

该项目起点位于拉伯乡南侧,与规划国家高速公路网 G7611 都匀至香格里拉高速公路(宁蒗至香格里拉段)衔接,线路总体走向由北向南布设,途经宁蒗县(拉伯乡)、玉龙县(奉科镇、宝山乡、鸣音乡)、古城区(大东乡),线路止于古城区大东乡附近,与规划云南省丽江古城至宁蒗高速公路衔接,路线全长约81公里,桥隧比约为84.21%(其中宁蒗县境内约11公里,玉龙县境内约61公里,古城区境内约9公里)。另设立交连接线12.3公里,其中3.03公里按二级公路标准,设计速度40公里/小时,路基宽度10米;9.27公里按三级公路标准,设计速度40公里/小时,路基宽度8.5米。线路全长约81公里,投资估算总金额约168亿元(项目投资总金额最终以批复的初步设计概算为准)。

(三)项目实施主要内容

该项目于2021年9月启动社会投资人公开招标工作。政府与依法选定的社会投资人签订投资协议,由社会投资人成立项目公司,政府与项目公司签订特许经营协议,通过BOT的形式授予项目公司投融资、建设、运营维护和移交该项目的权利。

项目资本金及建设资金方面。政府方积极争取初步设计批复的概算资本金比例,按总投资的20%批复;除政府补助资金以外的建设资金,由项目公司通过银行贷款或其他方式予以解决。经过社会投资人公开招标,最终确定本项目社会投资人为云南交投集团投资有限公司、云南交投集团云岭建设有限公司、云南交投集团公路建设有限公司、云南省交通科学研究院有限公司、云南云岭高速公路交通科技有限公司、中铁开发投资集团有限公司、中铁一局集团有限公司、中铁四局集团有限公司、中铁十七局集团有限公司、中铁二十局集团有限公司、贵州省公路工程集团有限公司、中国水利水电第十六工程局有限公司组成的联合体。项目总投资金额为420

亿元。

项目特许经营期方面。项目合作期限采用"N+30+X"的形式,其中,N为项目建设期4年,运营期为30年,X为延长运营期年限。在30年运营期内,若项目收入不足以覆盖特许经营建设、运营成本及合理收益的,在国家法律法规和政策允许的条件下,地方政府依法依规支持申请延长特许经营期年限(经测算,X暂定为10年)。

政府给予建设期补助资金支持方面。丽江至维西高速公路,政府负责筹集项目批复概算总投资的30%(含省级补助资金2000万元/公里)作为建设期对本项目的补助资金,其中丽江市人民政府负责筹集90%、迪庆州人民政府负责筹集约10%(最终以批复的概算里程并以州市双方确认比例为准)。四川稻城至云南丽江高速公路(拉伯至大东段)项目,政府负责筹集项目批复概算总投资的35%(含省级补助资金2000万元/公里)作为建设期对该项目的补助资金。

项目政府授予资源综合开发权。为增强这两个高速公路项目的投资吸引力,政府方拟为投资人配套提供砂石料、土地综合整治、旅游等资源合作开发,合作开发获取的收入用于平衡高速公路项目运营期现金流,确保项目正常运营。

一是砂石料资源方面。主要包括两部分:第一部分是为降低项目建设成本,地方政府按照《云南省安全生产监督管理局、云南省国土资源厅、云南省环境保护厅、云南省林业厅、云南省水利厅关于做好高速公路和铁路建设砂石料供应有关问题的通知》(云安监管〔2017〕63号)规定,在项目沿线为这两个高速公路项目配置3~5个建设期所需的砂石料场(其中丽江至维西高速公路4个、拉伯至大东项目3个),由项目公司负责开发经营,经营期为建设期。第二部分是其他周边砂石料矿产开发权。政府方依法依规在古城区、玉龙县城区周边配置2个砂石料矿产开发权给社会投资人,在永胜县、华坪县城区周边分别配置1个砂石料矿产开发权给社会投资人,开采总量不低于13500万吨。矿产开发权由政府方提供,砂石料矿产开采年限不低于15年;地方政府负责征地拆迁,料场征地拆迁标准参照丽江市高速公路征地拆迁标准,由政府方配合完成手续办理等工作,相关费用由社会投资人承担。

二是土地综合整治方面。政府方依法依规在丽江市境内配套不低于10万亩水田指标的土地综合整治项目,以促进乡村振兴。市级政府统筹负责全市范围的土地综合整治项目规划、立项、入库、交易、收益分配等工作。社会投资人负责土地综合整治项目的资金筹集和施工。政府方和投资人按相关规定共同分享土地综合整治项目的收益。

三是旅游资源方面。若砂石料资源开发收益和土地综合整治收益不足以平衡项目运营期现金流,政府方将依法依规给予社会投资人丽江至维西高速公路、拉伯至大东高速公路沿线的老君山黎明景区、石鼓景区、石头城景区、太子关综合景区、吾木景区等旅游景区一定比例的政府方收益,用于平衡高速公路项目运营期现金流。

(四)小结

丽江至维西高速公路、四川稻城至云南丽江高速公路拉伯至大东段项目属于地方高速公路项目,是构建川、滇、藏接合部旅游黄金公路网络的重要组成部分。项目建成后,将与大滇西旅游环线、大香格里拉旅游线互联互通,对完善云南省高速公路网布局、推动丽江旅游经济升级、加快区域社会经济发展和少数民族地区发展具有重要意义。由于两个项目总投资超过 400 亿元,为了提高对社会投资人的吸引力,政府方为投资人提供砂石料、土地综合整治、旅游等资源合作开发权益,合作开发获取的收入用于平衡高速公路项目运营期现金流,以确保项目正常运营。这种"交通 + 资源开发"投融资模式,有助于携手推进丽江至维西、拉伯至大东两个"互联互通"高速公路项目的顺利落地建设。该模式也对我国其他地区交通基础设施项目建设具有重要的参考借鉴意义。